Managerial Power and Firm Investment Efficiency:
On the Dual Perspectives of Internal Control and
Institutional Environment

山东建筑大学 经济管理学科论著

高管权力与投资效率研究：
基于内部控制与制度环境的双重视角

岳丽君 ◎ 著

中国财经出版传媒集团
经济科学出版社
Economic Science Press

图书在版编目（CIP）数据

高管权力与投资效率研究：基于内部控制与制度
环境的双重视角／岳丽君著．—北京：经济科学
出版社，2019.1
（山东建筑大学经济管理学科论著）
ISBN 978 - 7 - 5218 - 0112 - 5

Ⅰ.①高… Ⅱ.①岳… Ⅲ.①企业领导 - 影响 -
企业 - 投资效率 - 研究 Ⅳ.①F275.1

中国版本图书馆 CIP 数据核字（2018）第 298568 号

责任编辑：崔新艳
责任校对：王苗苗
责任印制：王世伟

高管权力与投资效率研究：基于内部控制与制度环境的双重视角
岳丽君 著
经济科学出版社出版、发行 新华书店经销
社址：北京市海淀区阜成路甲 28 号 邮编：100142
经管中心电话：010 - 88191335 发行部电话：010 - 88191522
网址：www. esp. com. cn
电子邮箱：espcxy@ 126. com
天猫网店：经济科学出版社旗舰店
网址：http：//jjkxcbs. tmall. com
北京季蜂印刷有限公司印装
880 × 1230 32 开 6.5 印张 180000 字
2019 年 1 月第 1 版 2019 年 1 月第 1 次印刷
ISBN 978 - 7 - 5218 - 0112 - 5 定价：35.00 元
（图书出现印装问题，本社负责调换。电话：010 - 88191510）
（版权所有 侵权必究 打击盗版 举报热线：010 - 88191661
QQ：2242791300 营销中心电话：010 - 88191537
电子邮箱：dbts@ esp. com. cn）

总　序

　　山东建筑大学商学院初期为工商管理系，1999年正式招收工商管理专业本科生。2004年，商学院正式成立，拥有工商管理、会计学和电子商务三个本科专业，2008年，增设市场营销和财务管理两个本科专业。作为新成立的学院，商学院全体员工齐心协力谋求发展，于2006年率先与澳大利亚维多利亚大学开展中外合作办学项目，先后开展了国际商务、会计学、市场营销等合作办学项目，并与英国朴茨茅斯大学、新南威尔士大学和美国波特兰州立大学等建立了合作关系，初步奠定了商学院外向型办学特色，培养了一批具有国际视野的年轻教师。2010年成功申报工商管理一级学科硕士点，设有技术经济及管理、企业管理和会计学3个二级学科硕士点；2010年成功申报工商管理硕士（MBA）办学项目，目前共有在校生约2700人。

　　伴随着我国研究生教育和建筑、房地产业的发展，山东建筑大学商学院经过十几年的不懈努力，已经形成了从专科生、本科生到硕士研究生的较完整的培养体系。现已形成的稳定的研究方向为：房地产经营与管理、城市品牌管理、公司治理与企业战略管理、财务管理与资产评估等。师资队伍中已经呈现出一批优秀的骨干教师，他们既

1

具有扎实的理论基础，又具有国际化的前沿视角。他们大多具有出国留学访学经历，其研究注重前沿性和实用性相结合，服务于地方社会经济发展。我们以这些优秀骨干教师为主成立编委会，从中推选出部分研究成果以"山东建筑大学经济管理学科论著"的形式编辑出版，以期为我国商科教育和发展做出一定贡献。这些论著介绍了本学科的最新研究成果，希望以这些论著为媒介，增强各高校、科研单位及相关部门之间的交流与合作。

我国经济和企业管理学科在快速发展，其中许多理论问题需要进一步深入研究，对于本系列论著中存在的不足，恳请专家学者给予关心、指导和匡正。

山东建筑大学商学院教授、院长：胡宁

前　　言

　　投资是拉动经济增长的"三驾马车"之一，在我国经济发展中的作用尤为突出，是40年来经济飞速发展的源动力。统计数据显示，1981～2015年，我国经济与投资均呈现高速增长的态势，其中GDP的年增长率高达9.77%，而固定资产投资的年增长率也高达21%。然而隐藏在宏观经济高投资、高增长现象中的本质是微观层面中企业投资的低效率。究其原因，是由于现代企业所有权与经营权的分离导致了股东和管理者之间的代理冲突，因而，追逐个人收益最大化的自利动机会驱使高管（公司高层管理者的简称）利用手中权力异化企业投资行为，进行非效率的投资。

　　内部控制作为企业不完全契约的必要补充，本质上是为了实现组织目标、协调和维护企业利益相关者之间利益关系、避免利益冲突的一种制度安排和控制机制，是公司内部治理的重要组成部分。我国内部控制的实践经历了从无到有、从无序到规范、从自愿到强制的过程。借鉴美国《萨班斯—奥克斯利》法案，我国于2008年和2010年先后颁布了《内部控制基本规范》和《内部控制配套指引》，明确规定上市公司应出具内部控制年度自我评价报告和内部控制审计报告，标志着我国内部控制体系基本建立，上市公司内部控制信息披露由自愿进入强制性阶段。因此，内部控制在公司投资中的治理机制以及治理效果成为被关注的重点，亦成为检验《内部控制基本规范》实施效果的重要一环。

　　在"新兴"加"转轨"的市场中，政府管制是经济发展中的一大特色。随着放权让利改革的深化，政府管制模式由"行政干预"变为"监管"，赋予企业管理层更多的公司决策自由裁量权，进一步强化了高管的权力。拥有企业实际控制权的高管为了追求私人收益，将个人意志体现在公司投资决策上，非效率投资成为其理性选择，由此加剧了企业的非效率投资。因此，政府监管尤为重要，其可以限制上市公司高管权力的滥用，抑制高管在投资决策上的机会主义行为，减少非效率投资的发生。从区域市场环境的角度来看，我国经济发展中长期实行的"梯度发展战略"造成各地区经济发展水平的不均衡和极大的差异性。市场化进程的不均衡造成区域市场竞争水平的差异性，从而对高管权力的制约作用也不尽相同。从资本市场环境角度看，由于缺乏完善的企业利益相关者法律保护体系，机构投资者作为外部治理的重要力量，其对提升企业治理水平、有效监督制约高管权力、提高企业投资效率、保护中小股东利益具有积极作用。随着近期资本市场中"宝万之争""前海人寿举牌格力"事件的发生，机构投资者也展示了其对一个行业、一个市场秩序的破坏力。因此，机构投资者作为资本市场的主要参与力量，其在公司治理中扮演的角色逐渐成为资本市场改革中重点关注的内容。

基于此，本书以 2007～2014 年沪深 A 股上市公司数据为基础，采用理论分析与实证研究相结合的方法，从内外部治理的角度检验高管权力对投资效率的影响。首先，在理论方面运用委托代理理论、信息不对称理论分析了非效率投资的影响动因。其次，运用不完全契约理论、委托代理理论、信息不对称理论、管家理论与激励理论解释高管权力对投资效率的影响。然后，充分考虑了内外部的治理机制的作用，构建理论模型，搜集整理数据，采用描述性统计、主成分分析、多元回归、分组回归等方法对数据进行分析，对研究假设进行实证检验。同时，通过变换样本、双样本 T 检验以及倾向得分匹配的方法对实证分析结论进行了稳健性检验。最后，针对我国上市公司高管在权力下的投资行为中存在的问题，提出了相关的政策建议。具体研究内容如下。

第一，高管权力维度的划分及检验。根据亚当斯（Adams，2005）的研究和法约尔的观点，将高管权力分为两类，正式权力和非正式权力。正式权力来源于制度、组织等的安排，非正式权力是基于高管个人的知识、信息、经验、魅力而形成的。借鉴芬克斯坦（Finkelstein，1992）的四维度说，金（Kim，2011）综合分析提出三维度说，将高管权力分解为三个维度：所有权权力、组织权权力和个人能力权力。不同的所有权安排会影响企业内部组织结构的状况，影响董事会的制度，进而影响高管的权力，因此，采用反映所有权安排的变量——股权集中度和股权制衡度作为代理高管所有权权力的指标。高管的组织权权力是企业科层组织所赋予的，因此，采用反映企业治理结构的变量——董事长与总经理两职兼任、董事会规模、独立董事比例和监事会规模作为代理高管组织权权力的指标。个人能力权力包括专家权力和声誉权力，专家权力是基于高管个人知识、信息、经验等形成的，声誉权力是基于高管声誉、威望、个人魅力等形成的，因此，采用反映高管个人能力的变量——CEO 任职年限、高管兼职、内部晋升和政治资本作为代理高管个人能力权力的指标。基于上市公司的经验数据，对高管权力三个维度中的 10 个代理指标与投资效率的关系进行了验证，其中股权集中度、股权制衡度、董事会规模、独立董事比例、监事会规模、CEO 任职年限、高管兼职和政治资本 8 个代理变量通过验证，均对企业投资效率有影响，充分证明指标选取的合理性。

第二，基于双人性假设的高管投资行为驱动分析及效果验证。传统的高管行为研究认为，高管只能选择代理人或管家单一角色，或者作为"经济人"出于代理人追逐委托代理收益和信息不对称收益的自利动机，进行非效率投资，或者作为"社会人"受社会动机和成就动机的驱动，选择管家角色进行效率投资，实现组织绩效。托西（Tosi，2003）认为，代理理论和管家理论在解释高管行为时是可以融合的，因为代理理论只强调高管人性中经济性的一面，忽视了高管人性中社会性的一面，管家理论是对其必要和有益的补充。企业作为契约的集合，其逻辑的起点就是"经济人"假设，因此作为根植于制度、组织安排的所有权权力、组织权权力更容易诱使高管选择代理人角色，追求个人利益最大化的行为动机会导致"帝国建造"、机会主义、管理防御、滥用自由现金流等非效率投资行为。作为"社会人"的高管，其个人专家技能、声誉等形成的个人能力权力使高管更易履行管家职能，具有追逐组织绩效和个人价值实现的行为动机，更易进行高效率投资。

高管权力与非效率投资的分维度验证中，所有的假设均得到验证：（1）高管所有权权力与企业非效率投资程度正相关；（2）高管组织权权力与企业非效率投资程度正相关；（3）高管个人能力权力与非效率投资程度负相关。研究充分证明，倾向于使用正式权力（所有权权力、组织权权力）的高管，在投资决策时更易履行代理人职能，进行以牺牲股东利益为代价的非效率投资；倾向于通过个人能力权力来影响组织成员和决策的高管，在投资决策时更易履行管家职能，采取符合组织利益的效率投资。最后，根据前面通过验证的 8 个代理变量，运用主成分分析法综合生成高管权力指标，验证了高管权力与投资效率的关系，即高管权力越大，企业非效率投资水平越高。

第三，构建内外部双重治理下的高管权力与投资效率模型并进行验证。在分析高管权力及其各维度对企业投资效率影响的基础上，重点分析内外部治理机制如何影响高管权力与非效率投资的关系。

作为企业内部制度安排和治理机制，内部控制可以通过内部控制五要素——控制环境、风险评估、控制活动、信息沟通和监督——有效监督和制约高管作为"经济人"的代理问题，抑制高管进行自利动机下的非效率投资行为。同时，良好的内部控制有助于企业投资决策中高管"管家"行为的实现，抑制高管非意愿性非效率投资，提高投资效率。

　　根据新制度经济学的观点，外部制度环境影响塑造企业内部契约安排。外部制度环境对高管权力异化投资行为的治理作用表现在三个方面：一是政府对企业的监督机制可以作为公司治理机制失效的替代机制，约束高管滥用权力进行自利动机的非效率投资；二是区域市场化水平通过产品市场、要素市场（主要是经理人市场）和法律制度环境等多维度规范、制约高管权力的滥用，提高企业投资效率；三是从资本市场角度看，作为资本市场中企业外部治理的主力军，机构投资者可以通过直接参与公司内部治理或者通过控制权市场来间接参与公司治理与投资决策，从而制约高管权力，提高投资效率。

　　用分步回归方法，将内外部治理对高管权力与投资效率关系的调节效应进行检验，研究发现以下结论。（1）高质量的内部控制能够抑制高管权力导致的非效率投资，内部控制能够缓解高管所有权权力、组织权权力导致的非效率投资，对高管个人能力权力与非效率投资的调节效应未通过验证。（2）按照产权性质分组，高管权力对非效率投资的正向影响仍然显著，且与国有企业相比，非国有企业中高管权力对非效率投资的正向影响更强，充分证明政府监管的存在更能够抑制高管权力与非效率投资之间的正相关关系。进一步研究发现，政府监管能够抑制高管组织权权力导致的非效率投资，增强个人能力权力导致的效率投资。（3）区域市场环境在高管权力与非效率投资的关系中具有负向调节作用，即市场化程度越高，越能抑制高管权力与非效率投资的正向关系，且其治理作用的发挥主要是通过抑制高管所有权权力诱致的非效率投资取得的。（4）机构投资者在高管权力与非效率投资的关系中具有负向调节作用，其主要是通过抑制高管所有权权力、组织权权力对非效率投资的影响来发挥治理作用的。（5）基金持股在高管权力与非效率投资的关系中具有负向调节作用，即基金持股比例越高，越能抑制高管权力与非效率投资的正向关系，且其治理作用的发挥主要是通过抑制高管所有权权力、组织权权力与非效率投资的正向关系取得的。(6) 压力抵制型机构投资者负向调节高管权力导致的非效率投资，其主要是通过抑制高管所有权权力、组织权权力导致的非效率投资，并增强高管个人能力权力引致的效率投资提高企业投资效率。

本书对于已有研究具有三方面的贡献。

第一，构建高管权力的多维指标测量体系，为科学衡量高管权力结构和强度提供依据。摒弃以单一指标衡量高管权力的做法，从不同维度刻画高管权力，为高管权力衡量提供有益的探索；同时，深入高管权力结构内部，从高管权力的不同侧面考察对企业投资效率的影响，研究结论对于提高企业投资效率更具有针对性和现实意义。

第二，以"经济人"+"社会人"双重假设建立"高管权力→行为（驱动）→投资效率"的逻辑模型。突破以往研究高管权力与投资效率关系时单纯的"经济人"假设，以"经济人"+"社会人"双重假设为出发点，融合委托代理理论、信息不对称理论、激励理论和管家理论去阐述高管权力下的企业投资行为，将进一步丰富现有的高管权力理论，拓展高管权力和投资效率研究的思路。

第三，深入研究机构投资者的持股特征，比较异质性机构投资者公司治理机制及效果的差异，丰富了机构投资者治理的理论和实践。机构投资者因其持股比例、持股动机及与被投资企业的关系不同，对企业非效率投资的治理机制和治理效果也不同。本书立足机构投资者的异质性特性，比较分析了对投资效率的作用机理及效果的差异，为机构投资者发挥积极治理作用提供新的思路和建议。

作者
2018 年 11 月

目　录

第1章 导　　论

1.1　研究背景及意义

从企业微观层面看，投资是企业未来现金流的重要来源，是企业成长的重要保障。因此，上市公司投资行为及投资效率问题长期以来备受关注。

1.1.1　研究背景

1. 宏观与微观的相悖：高投资与低效率并存

市场化改革以来，中国的经济飞速发展，举世瞩目，GDP 总量自 2010 年以来稳居世界第二位。国内外学者普遍认为，高投资是推动中国经济高速增长的主要源泉和动力，这种高投资、高增长的模式支撑起中国经济 40 年的高速增长。统计数据表明，1981 ~ 2015 年，中国经济的年均增长率高达 9.77%，而固定资产投资的年均增长率高达 21%。具体增长率指标如图 1 - 1 所示。

然而，高投资并不意味着高效率，与全社会固定资产投资过热并存的是企业微观层面存在的过度投资、投资不足等投资低效率状况。尤其是 2008 年金融危机以来，中国政府为了维护经济秩序的稳定，施行 4 万亿元一揽子经济刺激计划，大量信贷资金投入资本市场，更引起新一轮投资狂潮，加剧了企业过度投资、投资不足的低效率资本配置情况（程新生等，2012；翟胜宝等，2014；刘星等，2014）。

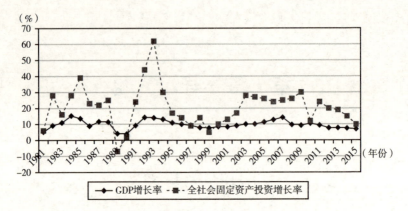

图 1 – 1   1981 ~ 2015 年中国 GDP 增长率与固定资产投资增长率
数据来源：国家统计局公布的数据。

2. 所有权与经营权的分离：高管权力异化

所有权与经营权的分离是塑造现代企业的基石，也是委托人（股东）和代理人（管理层）之间代理冲突产生的根源（Jensen and Meckling，1976）。由于委托人（股东）与代理人（管理者）之间目标函数的不一致，代理人（管理者）出于自利动机，为控制更多资源进行"帝国建造"（Jensen，1986；Stulz，1990；Hart，1995），为掌握企业控制权的"管理防御"（Shleifer and Vishny，1989；Noe and Rebello，1997；Hartzell et al.，2004）等，进行以牺牲股东利益为代价的经营决策行为，降低了企业价值。

管理者利用掌握的企业经营权，能够左右组织行为进而影响组织绩效，对企业的战略发展起决定性作用（Coase，1937）。最早提出"高管权力"概念的是拉贝（Rabe）。1962 年，拉贝在《高管权力》（Managerial Power）一文中将其界定为，将公司按照高管个人目标经营的意愿和能力。芬克斯坦（1992）则将高管权力界定为，高管按照个人的意愿制定和实施企业战略的能力。梅因等（Main et al.，1993）较早在管理实践中发现高管权力的存在，在一些公司中，总经理掌握着董事的提名权和任命。

改革开放以来的放权让利改革使企业经营决策权逐渐下移，高管权力进一步强化（卢锐，2008）。由于我国长期形成的"一把手"文化，随着高管权力的强化，企业高管权力制衡的失效和权力滥用的问题更加突出（胡明霞等2015），高管权力异化投资行为、损害投资效率的现象普遍存在（张功富、宋献中，2009；陈晓芸、吴超鹏，2013）。

理论界关于高管对投资效率影响的研究大多从以下维度展开：一是从心理特征角度研究管理者过度自信对企业投资效率的影响（Brown and Sarma，2007；张敏等，2009；韩静等，2016）；二是从高管个人背景特征研究对投资效率的影响（Bertrand and Mullainathan，2003；李焰等，2011；Huang and Kisgen，2013；张兆国等，2013；林朝南、林怡，2014；韩静等，2016）。刘和吉拉伯恩（Liu and Jiraporn，2010）认为，权力是高管特征的最重要维度，拥有更多经营决策裁量权的高管，很容易将个人意志体现在公司战略和决策中。因此，从高管权力角度研究企业资本配置效率，显得迫切而必要。

3. 自愿披露到强制披露：内部控制在投资中的角色

关于内部控制的内涵，不同的人有不同的理解。自1936年美国注册会计师协会（AICPA）在《独立注册会计师对财务报告的审查》中首次提出内部控制的概念以来，研究者多从单一的审计角度、企业经营管理角度理解内部控制的内涵。1992年美国反虚假财务报告委员会下属的发起人委员会（The Committee of Sponsoring Organizations of the Treadway Commission，COSO）综合了管理层及各方需求，提出了一个广为接受的内部控制整合框架及概念，即"为了保证财务报告的真实可靠，提高企业经营效率和效果，由董事会、管理层及职员遵循相关法律法规并实施的行为过程"。然而，21世纪初发生的安然、世通等财务舞弊丑闻，不但重挫投资者对上市公司、资本市场的信心，更推动美国国会于2002年通过了著名的《萨班斯—奥克斯利法案》（简称SOX法案），要求上市公司公开披露其内部控制状况，标志着美国上市公司的内部控制信息披

3

露进入强制性阶段，内部控制研究由理论上升到实践操作层面。

借鉴国际经验，我国内部控制体系建设发展迅速。2001年，财政部颁布《内部会计控制规范——基本规范（试行）》，是我国企业内部控制体系建设的第一个纲领性文件。2006年，上交所和深交所先后出台了《上海证券交易所上市公司内部控制指引》和《深圳证券交易所上市公司内部控制指引》，是真正意义上上市公司的内部控制操作规范。2008年和2010年，财政部会同证监会、审计署、银监会、保监会联合颁布《内部控制基本规范》和《内部控制配套指引》（以上两个规范被简称为"CSOX法案"），明确规定上市公司应出具内部控制年度自我评价报告和内部控制审计报告，标志着我国内部控制体系基本建立，上市公司内部控制信息披露由自愿进入强制性阶段。

蕴含在"SOX法案""CSOX法案"中的一个重要理论前提是，内部控制作为企业的"免疫系统"，可通过制度安排和控制系统提高企业经营效率和效果，保护投资者权益。公司资本配置有效性是提高公司经营效率和效果的重要实现途径，是公司发展的重要保障。因此，内部控制在公司投资决策及行为中的角色和作用便成为广泛关注的重点，亦成为检验"SOX法案""CSOX法案"实施效果的一个重要方面。研究发现，内部控制能够抑制管理层自利动机，减轻代理冲突，提高投资效率，提升企业价值（Doyle et al.，2007；Ashbaugh-Skaife et al.，2008；Chan et al.，2008；Altamuro and Beatty，2010；Lafond and You，2010；张龙平等，2010；方红星、金玉娜，2011；叶建芳等，2012；李万福等，2014）。

4. 我国制度背景：对公司治理的影响

随着经济体制改革的进行，企业改革不断深化，中国企业由过去计划经济体制下的行政治理逐步过渡到市场经济体制下的公司制，特别是经过1992年以来的"公司化"改革，很多企业纷纷改制上市，逐渐建立了现代化的公司治理结构。截至2015年底，在中国沪、深证券交易所上市的公司已达2800多家，上市公司已成为中国经济的标杆和中坚力量。

在市场经济转型过程中，政府对企业的管制是经济发展的一大特点。政府对企业的管制体现在多个方面，如政府对企业经营进行行政干预、参与并决定企业高管的任命、对资本市场的资本配置进行限制等。随着放权让利改革的进行，企业所有权与经营权相分离，管理者被赋予企业经营权，政府的管制模式由行政干预变为监管，企业管理者实际上获得了更多的企业经营自由裁量权，高管权力进一步强化。获得更多企业经营自由裁量权的高管，在追求自利动机的控制权收益时，非效率投资成为其理性选择（辛清泉等，2007）。在此背景下，政府监管并非一无是处，其可以抑制公司高管权力的滥用，限制高管自利动机导致的非效率投资行为，减缓代理冲突，提高投资效率。

除了国家间存在制度差异外，在一个国家内部，不同地区经济、文化、法律环境等的不同也造成区域制度差异性的存在。这种区域制度差异在转型经济国家中表现得特别突出（相里六续，2009）。樊纲等（2010）指出，我国政府各地区改革开放进程不同导致各地区的市场化水平存在较大差异。由于各区域市场化程度不同导致区域市场竞争的差异，对微观经济领域中高管权力的制约作用也存在显著不同。

在发达国家的资本市场中，持股比例占股票市场三分之二的机构投资者，是资本市场中最主要的参与者。机构投资者的行为也由注重短期获利变为长期投资，由"股东消极主义"转变为"股东积极主义"，积极参与公司治理，监督高管权力，提高了公司治理水平和治理效率，保护了投资者利益，日益受到各方关注。借鉴国外机构投资者 50 多年的发展经验，自 1991 年、1993 年深交所和上交所分别允许机构投资者入市以来，机构投资者队伍迅速发展壮大，形成了证券投资基金、社保基金、合格境外投资者（QFII）、证券公司、保险公司、信托公司和财务公司等主要机构投资者力量。由于我国证券投资法律体系不完整，对中小投资者的保护不完善，机构投资者更多承担了维持资本市场稳定和保护中小股东利益的功能，其"积极股东"的治理作用也被寄予厚望。2001 年证监会提出"超常规发展机构投资者"计划，为机构投资者提供入市机会；2002 年证监会制定《上市公司治理准则》，其中第十一条明确规定"机构投资者应在公司董事选聘、管理者监督与激励、重大事项决策等方面发挥作用"；2004 年国务院在《关于推进资本市场改革开放和稳定发展的若干意见》中指出，"要培养一批诚信、守法、专业的机构投资者，使以基金管理公司和保险公司为主的机构投资者成为资本市场的主导力量"；2005 年"股权分置改革"使机构投资者持有更多的流通股，进入前十大股东；2016 年"宝万之争""前海人寿举牌格力"等机构投资者引起的资本市场乱象，推动证监会颁布了《证券期货投资者适当性管理办法》，统一了投资者分类标准，形成了对投资者进行分类管理的体系，为进一步规范机构投资者的治理机制及保障其发挥"积极股东"作用奠定了基础。随着资本市场的进一步发展，机构投资者作为资本市场的"稳定器"、企业公司治理的"助推器"，必然会在下一步资本市场改革中扮演重要角色，对高管权力的监督作用及治理效果也备受瞩目。

1.1.2 研究意义

1. 理论意义

（1）从高管权力的角度去解释非效率投资，拓宽了企业资本配置效率研究的视角和范围。传统投资理论多从信息不对称理论、委托代理理论视角对非效率投资的动因进行解释。然而，企业的产权结构、组织架构、公司治理结构等的差异，导致企业中的代理问题、信息不对称程度不同，形成差异化的高管权力，因此，影响非效率投资的动因在不同的高权权力安排下应存在差别。本书分析了不同高管权力安排对企业投资及经济后果的影响，丰富了企业非效率投资的动因解释，进一步发展完善了企业投资的理论。

（2）运用委托代理理论、信息不对称理论、激励理论和管家理

6

论解释不同高管权力安排下的企业资本配置行为，放宽了高管权力理论的假设和研究范围。传统高管权力理论多基于"管理者堑壕假说"（managerial entrenchment），认为管理者会利用其权力影响企业董事会及薪酬委员会，制订并获得以高管个人利益最大化为导向的薪酬契约。高管权力对薪酬的影响，不仅体现在制订超高的薪酬水平上，更体现在利用权力降低薪酬与绩效的敏感性、增加高管离职补偿费等方面。贾维和米尔本（Garvey and Milbourn，2006）研究发现，当公司业绩下滑，薪酬与业绩的敏感性下降时，与治理水平高的企业相比，治理水平差的企业敏感性更低，说明高管能利用权力影响其薪酬。本书在研究高管权力时，不仅仅局限于高管的"经济人"假设，又考虑到高管的"社会人"属性，拓宽了高管权力研究的假设，同时延伸了聚焦于高管薪酬的高管权力理论的范围，将高管权力理论扩展到高管行为动机及企业投资行为上，进一步丰富和拓展了高管权力理论，为投资效率动因研究提供新的理论视角和建议。

（3）研究不同内部控制质量下的高管权力与投资效率关系，有助于重新厘清高管权力与内部控制的关系。企业所有权结构、组织架构等不同，形成不同的高管权力安排，高管的自利动机必然会使其利用权力进行以牺牲股东利益为代价的非效率投资，损害企业价值。作为企业不完备契约的补充，内部控制是协调企业委托代理方关系和利益的治理机制，因此，内部控制质量的高低体现了治理水平的差异。提高内部控制质量能够减缓委托代理冲突，降低信息不对称程度，制约高管权力异化企业的投资行为，从而提升公司治理水平，提高经营效率和效果。

（4）从机构投资者异质性角度研究高管权力对企业投资效率的影响，有助于深入研究机构投资者对公司的治理机制，厘清异质性机构投资者的治理角色，丰富机构投资者的治理效果研究，完善高管权力影响企业资本配置效率的治理路径及作用机理，丰富企业投资效率研究的内容。

2. 现实意义

（1）优化投资决策、提高投资效率有助于提升企业价值，促进企业成长。作为企业财务决策的核心，投资是企业未来现金流的来源和企业成长的保障（吕长江、张海平，2011）。已有研究发现，由于受委托代理冲突、信息不对称、高管特征和融资约束等的影响，我国上市公司普遍存在着过度投资、投资不足的非效率投资行为（姜付秀等，2009；连玉君，2009；李万福等，2011；申慧慧等，2012；李培功、肖珉，2012；张会丽、陆正飞，2012；刘慧龙等，2014；李云鹤，2014；喻坤等，2014）。"帝国建造"、滥用现金流等的过度投资行为以及注重短期投资等造成的投资不足行为，会严重损害企业价值，抑制企业成长和资本市场良性发展（Fu，2010；李焰等，2011）。因此，寻找企业非效率投资的动因，提高企业投资效率，是实务界关注的重要问题。

（2）本书从不同维度刻画高管权力，有助于对高管权力进行全面合理的测量。现代企业中所有权与经营权的分离使得高管获得企业的实际控制权，负责企业经营战略的制定和实施，居于核心地位。其权力的构成不仅局限于某一权力维度，不同权力维度反映的是权力的不同方面，因此，高管权力指标是多维复合构成的，体现不同权力侧面的强度。已有高管权力理论和研究充分认识到高管的地位和重要性，但对于权力的来源和构成没有达成共识，因此，建立一套系统科学的高管权力指标体系，有助于合理测度企业中的高管权力，为企业控制权和决策权的配置提供参考，有针对性地监督并抑制高管权力下的自利行为，减少非效率投资，提升企业价值。同时，从不同权力维度寻求企业投资效率的动因，研究结论对于解决企业非效率投资问题更细致可行。

（3）从企业中人的因素（高管权力）、制度因素（内部控制）的角度对投资效率进行研究，有助于从高管权力、内部控制两个方面抑制企业非效率投资行为，提高企业投资效率。缺乏监督约束的高管利用控制权寻租攫取私利，必然会扭曲企业投资行为，导致非效率投资现象的发生，损害股东权益，降低企业价值。作为一种内部治理机制，内部控制不仅仅能控制和防范企业风险，更能执行监督约束功能，协调委托代理双方的冲突和利益关系，抑制高管滥用权力的自利动机行为，提高企业资本配置效率。因此，从内部控制视角分析高管权力对投资效率的影响，不仅能解决非效率投资的问题，还对高管权力的配置、约束等公司治理问题提供了有益的借鉴。

（4）结合我国的制度环境探究高管权力对投资效率的影响，研究结论更有针对性，实践性更强。作为外部治理机制，制度环境影响并塑造企业高管权力的配置和执行。从我国经济转轨的实践看，"放权让利"改革的推行使企业控制权进一步下放到高管，高管权力得到强化，政府管制模式由行政干预变为监管，深刻影响高管权力行为，进而影响企业资本配置决策及效率。随着我国市场经济体系的逐步完善，产品市场、要素市场的竞争进一步加剧，对高管权力的监督力越大，越能抑制高管权力的膨胀和寻租行为，提高企业资本配置效率。对于企业经营决策有直接影响的我国资本市场，由于发展历史较短、资本市场主体力量——机构投资者孱弱，限制了资本市场对企业治理作用的发挥。因此，从我国特有的制度环境出发，研究高管权力与投资效率的关系，更具有现实性和可操作性。

（5）有助于明确异质性机构投资者在公司治理中的角色，促进其治理机制的发挥，提高公司治理的水平和效率。从国外发达资本市场看，作为资本市场主力的机构投资者，其"积极股东"的治理效果凸显，已成为一种重要的外部治理机制。但是，作为"新兴"+"转轨"下的我国资本市场，异质性机构投资者是"积极股东"还是"消极股东"，其行为是"股东积极主义"还是"股东消极主义"都有待商榷，因此，研究我国资本市场中的机构投资者角色定位以及治理作用的发挥，将有助于其资本市场"稳定器"、公司治理"助推器"功能的实现，并对完善政策制定和提高监管水平提供有益的建议。

1.2 研究内容与研究框架

1.2.1 研究内容

1. 高管权力维度构建

根据亚当斯（2005）的研究，高管权力可以划分为正式权力与非正式权力。来源于于制度、组织等安排的权力，如所有权权力、组织权权力等，称为正式权力。根据法约尔的观点，个人权力是指高管由于一些个人特质，比如学识、魅力、经验、个性、财富而具有的影响力，是与高管职位不相关的权力，是非正式权力。金（2011）和赵息、许宁宁（2013）提出将高管权力划分为三个维度：所有权权力、组织权权力和个人能力权力。企业作为不完美契约的存在，必然导致剩余控制权的产生，而不同的所有权安排，必然产生塑造不同的高管所有权权力。由于所有权是企业一切权力的根源，所以根基于企业所有权配置的高管所有权权力是高管各维度权力的本源和出发点，影响甚至决定其他维度高管权力的大小。高管的组织权权力是企业科层组织所赋予的，因其具有的正式组织地位而拥有的权力，组织的治理结构情况，如董事会权力结构、监事会制度等因素，在很大程度上影响着管理者的组织权权力大小。詹森和麦克林（Jensen and Meekling，1992）在哈耶克（Hayek，1945）思想基础之上，研究了知识与决策权效率关系，他们认为，决策权必须下放给掌握知识、信息的高管，才能实现知识与决策权的匹配以及知识对决策权的支撑，提高组织绩效。正是高管所拥有的知识、信息优势使其具有了与董事会及股东议价的筹码，形成了高管的个人能力权力。在此基础上，根据理论分析和文献综述，确定高管权力各维度的代理指标。

2. 高管的投资决策行为驱动分析

传统的高管行为研究往往有两个思路：一种是建立在"经济

人"假设下的高管行为，另一种是建立在"社会人"假设下的高管行为。建立在以经济学的理性"经济人"假设下的高管行为动机，可用代理理论进行解释。该理论认为高管行为的动机是为了追求个人利益最大化，与组织利益是对立的。因此，由于所有者和经营者的效用函数不可能完全一致，作为"经济人"的高管会努力追求自身效用最大化而不是股东的财富最大化，由此带来委托代理冲突下的高管控制权收益。同时，由于高管拥有较多企业内部经营相关信息，作为"经济人"的高管便可能利用与委托人间的信息不对称做出有利于自己而对委托人不利的行为决策，由此产生信息不对称下的高管控制权收益。建立在以管理学的"社会人"为人性假设下的高管行为动机，可用管家理论进行解释，高管除了追求个人收益最大化外，其行为还受社会动机和成就动机的驱动，因此在企业经营中履行管家职能，追求组织绩效最大化进而实现自我价值。针对已有研究多将高管定位于单一角色的做法，有的学者则认为，简单地把高管角色定位于"经济人"或"社会人"，不能反映高管角色的实际，在一个企业中，"委托人—代理人"关系与"委托人—管家"关系并行不悖（Albanese, et al., 1997）。高管可能既是代理人又是管家，区别在于哪一种角色占主导地位。据此，本书认为在解释高管的投资决策行为驱动时，代理理论和管家理论是可以融合的。代理理论立足于"经济人"假设，不能完全反映高管的人性属性，管家理论立足于高管社会性属性的一面，是对代理理论的必要补充。高管是作为企业代理人，还是作为勤勉的管家，主要取决于高管的权力配置及结构（杨林，2004；苏启林，2007）。来源于制度、组织等安排的正式权力（如所有权权力、组织权权力）在高管权力体系中占绝对地位时，高管更容易选择代理人角色，其行为动机追求个人利益最大化。若高管的非正式权力（即来源于个人知识、信息优势的高管个人能力权力）占主导地位时，高管更容易选择管家角色，其行为动机追逐组织绩效最大化。

3. 内外部双重治理下的高管权力与投资效率模型构建

在分析高管权力及各维度对企业投资效率影响的基础上，重点分析内外部治理机制如何影响高管权力与非效率投资的关系。从企业内部看，内部控制是对不完备契约的一种实现和再谈判机制，是为了维护企业各相关方的利益而进行的契约谈判、监督、激励以及信息传递等制度安排和治理机制。内部控制可以通过控制环境、风险评估、控制活动、信息沟通和监督五个要素，有效监督和制约高管作为"经济人"的代理问题，抑制高管为了追求最大化的私人收益进行的非效率投资行为。从企业外部看，企业内部契约内生于外部制度环境（Coase，1937）。企业外部制度环境因素对高管权力存在潜移默化的重要影响。外部治理环境对高管权力异化投资行为的治理途径有三条：一是政府对企业的监管，二是区域市场环境的影响，三是资本市场的影响。在我国资本市场中投资者保护机制尚不完善时，政府监管可以作为公司治理机制失效的替代机制，防止不受约束的管理滥用高管权力进行自利动机的非效率投资（钟海燕等，2010；白俊、连立帅，2014；贺琛等，2015）。关于区域市场环境对高管权力的影响，费和哈德洛克（Fee and Hadlock，2000）提出信息假说、管理技术假说、清算威胁假说来解释，指出随着区域市场化进程加快，区域市场竞争越激烈，越会强化对高管权力的制约。从外部微观市场环境也就是资本市场角度看，机构投资者作为资本市场的主力军，可以通过两种途径来实现对高管权力投资行为的治理：一是通过直接参与公司内部治理（内部行动），即直接参与公司投资决策，形成对高管权力的强力制约；二是通过公司控制权市场（外部行动）间接影响公司治理和投资决策，从而抑制高管权力寻租导致的投资异化。

1.2.2 研究框架

本书研究框架如图 1-2 所示。

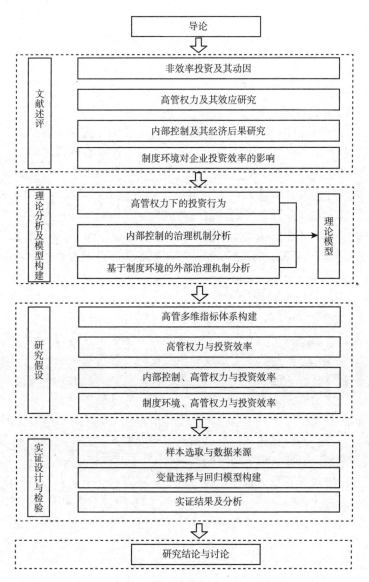

图 1-2 本书研究框架

1.3 研究方法与创新之处

1.3.1 研究方法

1. 文献综述法

在文献综述中，通过搜集和整理已有关于非效率投资动因，在归纳鉴别文献所载信息的基础上找到引起企业非效率投资的主要原因是高管代理问题；通过高管权力相关文献的整理，逐步明晰高管权力的衡量及其经济效应，并聚焦于高管权力下的投资效率问题，且针对该领域中现有研究已取得的成果、存在的不足以及发展的趋势进行系统评述，找到本书研究的方向；最后，根据内外部治理的文献，搜集整理有关内部控制、外部制度环境对投资效率影响的文献，完善本书研究的细节。

2. 理论归纳和演绎法

在理论分析部分，采用归纳和演绎的方法进行研究。首先，基于委托代理理论、公司治理理论、人力资本理论和资源基础理论，确定高管权力结构的三个维度：所有权权力、组织权权力和个人能力权力。其次，运用经济学和管理学理论对高管行为动机进行分析阐述，得出管家理论的"社会人"假设是对代理理论"经济人"假设的补充，因此，可以融合代理理论和管家理论对高管行为动机进行解释。高管具体选择哪一角色主要取决于高管权力的配置和结构的发展。最后从内外双重治理的角度，理论演绎内部控制与外部制度环境对高管权力与投资效率关系的治理机理，其中，从内部控制的内容（即五要素）角度分别分析了对委托代理冲突、信息不对称的治理，以及影响投资效率的作用机理；关于外部治理机制的研究，主要根据新制度经济学的理论展开，理论推演了政府监管、区域市场环境和资本市场环境对高管权力下投资行为的治理机理。

3. 经济数学模型方法

在理论分析的基础上，构建理论模型，以此为基础构建本书的数学模型，使用现代计量经济学方法，如描述性统计、主成分分析、多元回归、分组回归等统计方法，针对高管权力对投资效率的影响以及内部控制、外部制度环境的调节效应进行研究设计，确定研究样本，进行回归分析，并分别进行三种不同方法的稳健性检验。

1.3.2　创新之处

1. 构建高管权力的多维指标测量体系，为科学衡量高管权力结构和强度提供依据

已有研究对高管权力指标的衡量没有达成共识，多采用两种方式代理高管权力指标：一类是以某一变量，如两职合一、股权集中度等指标进行代理测量；另一类是根据多个指标，如两职合一、股权集中度、董事会规模、外部董事比例等，综合生成一个指标进行代理测量，忽视了高管权力的结构性和系统性。本书认为，高管权力既有来源于所有权安排、组织结构等的正式权力，也有来源于高管个人的专家能力和声誉，体现高管能力的非正式权力。简单地考量单一高管权力指标与投资效率间的关系，研究结论不具有说服力。因此，本书从不同维度刻画高管权力，弥补了以往对高管权力衡量简单、不系统的不足，为高管权力衡量提供了有益的探索；同时，深入高管权力结构内部，从高管权力的不同侧面分析对企业投资效率的影响，研究结论对于提高企业投资效率更具有针对性和现实性。

2. 以"经济人"+"社会人"双重假设，建立"高管权力→行为（驱动）→投资效率"的高管权力与投资效率关系逻辑模型

作为高管行为驱动的研究前提，突破以往研究高管权力与投资效率关系时单纯的"经济人"假设，考虑到人性的复杂性，以"经济人"+"社会人"双重假设为出发点，融合委托代理理论、信息不对称理论、激励理论和管家理论阐释高管权力下的企业投资行为，更加全面地重新认识和解释高管权力。本书将进一步丰富现有的高管权力理论，开拓高管权力和投资效率研究的新思路，增强高管权力理论对现实问题的解释力。

3. 深入研究机构投资者的持股特征，挖掘并比较异质性机构投资者参与公司治理的作用机理及效果的差异，丰富了机构投资者治理理论和实践

现有文献往往将机构投资者视为同质群体，简单地采用机构投资者整体持股比例作为表征机构投资者特征的代理变量，得出的结论未免有失偏颇。机构投资者因其持股比例、持股动机及与被投资企业的关系不同，对公司采取的治理机制和取得的治理效果也是千差万别的。据此，本书立足于机构投资者的异质性特性，从多角度比较分析了机构投资者对高管权力下投资效率的治理机制及效果的差异，为我国机构投资者发挥积极治理作用提供了新的思路和建议，有助于"超常规发展机构投资者"战略的实现。

第2章 文献述评

2.1 非效率投资及其动因

2.1.1 投资与非效率投资的界定

1. 投资

投资是一个内容丰富的概念，在不同的学科领域中有不同的意义，国内外学者对投资的解释各不相同，可谓是仁者见仁，智者见智。

凯恩斯最早基于经济学的角度对投资进行界定，他认为："一般来说，投资是指购买一件资本资产的支出"。这个定义是从投资的属性出发的。此后，凯恩斯在其《就业、货币和利息通论》一书中又从宏观的角度对投资重新进行定义，他指出："投资就是资本设备在本期的增加额"。《新帕尔格雷夫经济学大辞典》《辞海》等也均以资本理论为基础对投资进行了明确界定。

财务管理中根据所投资产的类别不同，将投资分为实物资产投资和金融资产投资两类。金融资产投资即证券投资，是指为了获取预期收益，购买的金融资产形成的股权投资和债券投资。实物资产投资有广义与狭义之分，狭义的实物资产投资是指企业为扩大再生产而进行的长期资产投入，包括购建固定资产、无形资产、其他长期资产和开发支出等；广义的实物资产投资还包括原材料、存货等流动资产的投资。本书所研究的投资主要是指狭义的实物资产投资，不包括金融资产投资和流动资产投资。

在实证研究中，关于狭义实物类资产投资的范围界定标准有两类：一类是以总投资指标衡量，即新增资产投资（净投资）加上维持当前业务所需的投资（折旧）(Fazzari et al., 1988; Vogt, 1994; 连玉君, 2007)；另一类是以净投资指标衡量，即新增资产投资数额，理查森（Richardson, 2006）、辛清泉等（2007）、姜付秀等（2009）、李万福等（2011）、申慧慧等（2012）、张会丽、陆正飞（2012）、刘慧龙等（2014）多采用该衡量指标。由于本书研究的立足点是新项目的投资，所以采用第二类指标（新增资产投资）衡量。

2. 非效率投资

投资效率有宏观和微观之分，本书关注的是微观领域的投资效率。根据新古典经济学理论的观点，资本配置最优的标准是资本边际收益等于资本边际成本，此时达到最佳资本配置状态和效率，也称为"帕累托效率"。莫迪利亚尼和米勒（Modigliani and Miller, 1958）明确指出，在完美无摩擦的市场及组织环境中，只要资本收益率大于资本成本，投资就会增加企业价值，因此，存在最优的资本配置量，即在资本收益率等于资本成本时，公司价值最大。然而，现在企业两权分立的存在，引起委托代理冲突和信息不对称问题，破坏了企业内部完美无摩擦的状态，使得企业资本配置偏离均衡状态，产生了非效率的投资。对企业资本配置均衡状态的研究主要集中于两个方向：一是对企业最优资本存量的研究，以乔根森（Jogenson, 1963）为代表；二是对投资决策标准的研究，研究成果有 NPV（净现值）、IRR（内部收益率）等决策准则。综合以上的研究可以发现，企业存在一个最优的资本配置量，但是由于企业内部摩擦的存在，往往企业投资时选择 NPV < 0 的投资项目，使得实际投资量超过最优资本配置量（Morgado and Pindado, 2003），造成过度投资（Jensen 和 Meekling, 1976）；或者企业放弃 NPV > 0 的投资项目，使得实际投资量低于最优资本配置量（Morgado and Pindado，2003），造成投资不足（Myers，1977）。无论是投资过度还是投资不足，都偏离了最优的资本配置状态，属于非效率投资，不能实现企业价值最大化的目标。

正如威尔第（Verdi，2006）所指出的，非效率投资包括两种偏离最优资本配置的情形，过度投资和投资不足；过度投资指的是将资本投入到 NPV < 0 的项目，使得实际投资额超过最优投资额；投资不足指的是放弃 NPV > 0 的项目，使得实际投资额低于最优投资额。

2.1.2　非效率投资的测量

对非效率投资的测量是对非效率投资进行实证研究的前提，总结前人的研究成果，非效率投资的测量普遍使用三个模型。

1. 投资—现金流敏感性模型

信息不对称给企业带来了融资约束的困扰，面临严重融资约束的公司会使其内部现金流对投资行为的影响更大，则投资—现金流敏感性更强。法扎里、哈伯德和彼得森（Fazzari，Hubbard and Petersen，1988）为探究企业面临的外部融资约束与投资行为之间的关系，首次提出了投资—现金流敏感性模型，简称 FHP 模型，即：

$$(I/K)_{it} = f(X/K)_{it} + g(CF/K)_{it} + \varepsilon_{it}$$

其中 I/K 代表公司的投资，$f(X/K)$ 代表以 Tobin's Q 表示的投资机会，$g(CF/K)$ 表示内部现金流。若 CF/K 的系数显著为正，表示投资支出依赖于公司内部自由现金流，系数值越大，其依赖性越强。

虽然该模型对研究企业的投资行为具有开创性的意义，但在实际应用中存在一定缺陷：一是根据融资约束程度分组时，多采用股利支付率、公司性质作为标准，主观性强；二是融资约束不是引起投资—现金流敏感性的唯一动因，代理问题也会导致投资与现金流的敏感。也有部分学者得出与法扎里等完全相反的结论，印证了该模型的缺陷（Kaplan and Zingales，1997）。

在我国，魏锋和刘星（2004）通过 FHP 模型得出，融资约束引起上市公司投资—现金流敏感。部分学者在研究中加入新的变量，对 FHP 进行了改进，如李维安等（2007）、支晓强与童盼（2007）等引入 Tobin's Q 和主营业务增长率变量；张功富（2007）则增加了上期的销售收入和现金持有变量。还有部分学者在应用中改变了部分变量的衡量标准，如喻坤（2014）使用 FHP 模型时用规模加权的行业平均 Tobin's Q 度量投资机会。还有部分学者延伸了 FHP 模型的应用范围，如支晓强与童盼（2007）引入薪酬绩效敏感度变量，研究了股东—经理代理问题对投资—现金流敏感性的影响；黄海杰（2016）引入政策实施的时间虚拟变量，考察了我国政府出台的经济刺激政策对企业投资效率的影响。

2. 现金流与投资机会交叉项判别模型

沃格特（Vogt，1994）通过考察企业的 Tobin's Q、现金流及其交互项，来判断企业的非效率投资。

$$(I/K)_{it} = \beta_0 + \beta_1 (CF/K)_{it} + \beta_2 (Cash/K)_{it} + \beta_3 (Sales/K)_{it} + \beta_4 Q_{it-1}$$
$$+ \beta_5 (CF/K)_{it} \times Q_{it-1} + \varepsilon_{it}$$

按照此模型，如果交乘项的系数为正，说明投资机会增强了投资支出对现金流的敏感性，融资约束是引起是投资—现金流敏感性的主因，导致企业投资的不足；若系数为负，则说明投资机会减少了投资支出对现金流的敏感性，投资—现金流敏感性源自代理问题，企业呈现投资过度。沃格特模型部分弥补了 FHP 模型的缺陷，能够更全面地解释引起投资—现金流敏感的原因，但仍存在着不能衡量投资不足程度和投资过度程度的问题。

我国许多学者采用该模型研究我国上市公司非效率投资的问题并在运用时进行了改进（何金耿，2001；饶育蕾，2006；马如静，2007；罗琦，2007），但由于均采用较大衡量偏误的 Tobin's Q 表征投资机会，使得投资—现金流敏感性动因的解释结果存在较大分歧，缺乏可信性（连玉君，2007）。

3. Richardson 的残差度量模型

为了弥补 FHP 模型和沃格特模型的缺陷，理查森（2006）提出残差度量模型来测度企业非效率投资的程度，公式为：

$$I_t = \beta_0 + \beta_1 V/P_{t-1} + \beta_2 Lev_{t-1} + \beta_3 Cash_{t-1} + \beta_4 Age_{t-1} + \beta_5 Size_{t-1}$$
$$+ \beta_6 AR_{t-1} + \beta_7 I_{t-1} + \sum Year + \sum Indus + \varepsilon_{it}$$

该模型将企业的新增资产投资（即净投资）分解为预期净投资和非预期净投资；由企业成长机会、资产负债率、持有现金、企业成立年限、企业规模、股票收益率和滞后一期的净投资等决定的为预期净投资；残差项是实际值（净投资）与模型拟合值（预期净投资）的差，表示非预期的净投资。正残差表示实际净投资量大于预期净投资水平，企业表现出过度投资；负残差表示实际净投资量小于预期净投资水平，表现为投资不足。残差绝对值表示偏离最优投资水平（预期净投资额）的非效率投资程度。残差绝对值越大，企业非效率投资程度越高。然而理查森模型采用资产负债率和现金存量作为变量，测算出的预期最优投资水平存疑，所以计算出的非效率投资也会存在偏差。

自 2007 年以来，我国学者使用理查森模型实证验证上市公司存在的非效率投资问题（辛清泉，2007；姜付秀等，2009；钟海燕，2010；申慧慧等，2012；张会丽、陆正飞，2012；刘慧龙等，2014；孙晓华、李明珊，2016），取得了丰硕成果。

综上所述，三个模型都有各自的优点和缺陷，并被我国学者广泛使用。理查森模型是在 FHP 模型和沃格特模型基础上的发展，可以确定企业是否存在非效率投资、非效率投资的类型以及非效率投资的程度，目前在我国的应用也最广泛，因此本书采用理查森模型来衡量非效率投资的程度。

2.1.3 非效率投资的动因

针对不完美的市场及组织环境，20 世纪 70 年代兴起了信息经济学和代理理论，使得运用以上理论对企业投资行为进行解释成为可能，逐渐形成了基于委托代理和信息不对称的投资理论。其中，部分学者从信息不对称的角度对投资效率进行了研究（Fazzari et al.，1998）；部分学者从企业代理问题的角度研究投资效率差异（Jensen and Meckling，1976；Bertrand and Mullainathan，2003；Asker et al.，2011）；Stein（2001）则分别从代理冲突、信息不对称双重视角解释了非效率投资问题。我国的实践同样证实，由于信息不对称和委托代理问题的存在，使得上市公司实际投资量偏离最优投资水平，造成投资的非效率（张功富、宋献中，2009；郝颖等，2014）。基于本书理论框架及实证研究的考量，分别就企业的委托代理冲突和信息不对称对企业投资效率的影响进行文献综述。

1. 委托代理冲突与非效率投资

根据詹森和麦克林（Jensen and Meckling，1976）关于代理成本的分析，可知委托代理冲突可分为三种类型：股东、管理者代理冲突；大股东、中小股东代理冲突；股东、债权人代理冲突。

（1）股东、管理者代理冲突与非效率投资。由于两权分离的存在，管理者为了追求自身利益最大化会做出损害股东利益的投资决策，因此二者之间存在利益冲突。这种代理冲突导致非效率投资的动因可以从"帝国建造"、壕堑效应以及声誉提升等角度进行阐释。

一些学者认为管理者存在进行"帝国建造"的动机（Hart，1995）。詹森（Jensen，1986）基于股东、管理者代理冲突的角度，提出了管理者滥用自由现金流的过度投资假说。他认为：管理者在私人利益的驱使下，投资决策更倾向于扩大企业规模而非单纯追求投资效益；当企业拥有充足的自由现金流量时，管理者会选择NPV < 0 的项目进行投资（产生过度投资），以期完成"帝国建造"的目的。康勇和墨菲（Conyon and Murphy，2000）发现企业规模与经营者的经济收益正相关，从而证实了经营者扩大企业规模的动机。一些学者从壕堑效应的角度诠释非效率投资的动因，认为管理者为了维护自身的地位，会放弃真正有价值的项目，而选择一些对

自己有利的投资项目，从而给企业带来损失。施莱弗和维什尼（Shleifet and Vishny，1989）发现管理者更倾向投资于增强其专有能力的项目，这种投资并不一定会增加企业的价值，且其专用性强，增加了高管接管的难度，延长其留任，由此间接巩固了管理者自身的地位，即壕堑效应。霍姆斯特姆和科斯塔（Holmstrom and Costa，1986）发现管理者会出于自身职业安全考虑，更倾向于维持现有的工作业绩，放弃一些净现值大于零的项目。贝特朗和穆莱纳桑（Bertrand and Mullainathan，2003）认为管理者对享受舒适生活的追逐会导致其放弃一些高风险但净现值大于零的项目，引发投资不足。此外，一些学者从声誉提升的角度进行解释，他们认为管理者为了提升自身的声誉，会投资可以为企业带来短期收益的项目，即使这些项目的长期净现值是负的（Narayanan，1985；Bebchunk，2002）。沙尔夫斯坦和斯坦（Scharfstein and Stein，1990）发现具有一定地位的管理者为了避免投资失败导致的声誉受损，会放弃前瞻性投资项目，倾向于跟随其他企业大多数管理者的投资行为，这种"羊群效应"往往造成投资的非效率。

国内外实证研究进一步证实，企业存在着股东、管理者代理冲突下的非效率投资行为（Fazzari et al.，1998；辛清泉等，2007；张宗益、郑志丹，2012；李云鹤，2014）。

（2）大股东、中小股东代理冲突与非效率投资。大股东对企业资本配置的影响表现在两个方面：一是"激励效应"或者"支持效应"；二是"隧道效应"或者"掏空"。施莱弗和维什尼（2000）提出，企业股权的集中使得对高管的监督力得到强化，股东、管理者代理问题得到缓解，抑制第一类代理冲突引起的非效率投资提高了投资效率，获得协同效应。有的学者研究发现大股东投资决策时，偏向于能给自己带来货币或非货币收益的项目，而放弃对提升企业价值有益的项目，导致企业非效率投资（Johnson，2000）。这种损害中小股东利益及企业价值的行为也称为"掏空"或"隧道挖掘"，此时大股东、中小股东之间的第二类代理问题成为企业代理冲突的重心。

我国学者的相关分析是从股权集中和股权制衡两个方面进行的。第一大股东持股对投资效率关系的研究结论并不一致，一部分学者认为股权集中可以发挥"利益趋同效应"，有效监督高管，抑制第一类代理冲突引起的非效率投资，提高企业投资效率（郝颖，2006；饶育蕾、汪玉英，2006；汪平、孙士霞 2009；代文，易于莅；2016）；另一部分学者认为股权集中发挥了"隧道效应"，控制权收益驱动下的大股东自利行为导致资本配置的低效率（袁玲、杨兴全，2008；李鑫，2008）。部分学者发现，股权集中程度与企业过度投资水平呈非线性关系（罗进辉等，2008）。此外，还有学者分析股权制衡对企业投资效率的影响，发现大股东之间的互相牵制可以有效缓解中小股东"搭便车"行为，有利于加强监督力度，提高投资效率（姜乃平，2012；彭忠文等，2016）。

（3）股东、债权人代理冲突与非效率投资。法玛和米勒（Fama and Miller，1972）指出，由于股东与债权人利益目标函数不一致，企业经营决策不可能同时满足股东与债权人利益最大化。詹森和麦克林（1976）认为企业负债后，股东更倾向于放弃低风险低收益项目，选择高风险高收益项目，引发过度投资，产生"资产替代"问题，从而谋求最大化收益和转嫁项目风险。梅叶斯（Myers，1977）以及哈特和莫尔（Hart and Moore，1990）则分析了负债融资引发的投资不足问题，认为过度负债的存在使得负债融资成本高企，股东会放弃那些 NPV > 0 但预期收益大部分归属于债权人的项目，产生投资不足。有的研究者也检验证实了股东、债权人代理冲突所致的过度投资、投资不足的存在，并且非效率投资的程度随负债比例的增加而加剧（Parrino and Weisbaeh，1999）。

对于股东、债权人代理冲突对投资效率的影响，学者多采用经验数据从负债比例（童盼、陆正飞，2005；黄乾富、沈红波，2009）、负债结构（黄乾富、沈红波，2009；石晓军、张顺明，2010；王善平、李志军，2011；罗党论等，2012；翟胜宝等，

2014；胡建雄等，2015）和债务期限（朱磊、潘爱玲，2008；黄乾富、沈红波，2009；）等方面展开研究，但没有达成一致意见。

2. 信息不对称与非效率投资

阿克洛夫（Akerlof，1970）首次提出非对称信息的概念。信息不对称是指在市场经济条件下，交易主体拥有的信息是不完全对等的，这种信息的不对称性必然会导致具有信息优势的交易方为谋取自身更大的利益而损害另一方的利益。信息不对称既可能发生在交易双方缔约之前，也可能发生在缔约后；事前的信息不对称会引发"逆向选择"问题，事后的信息不对称会导致"道德风险"问题。信息不对称如何影响企业的投资效率一问题引起了众多学者的关注。

一些学者从逆向选择的角度解释企业的非效率投资（Myers and Majluf，1984；Narayanan，1988；Heinkel and Zechner，1990）。梅叶斯和梅吉拉夫（Myers and Majluf，1984）基于不对称信息的存在，并综合考虑筹资成本因素，创造性地提出"优序融资理论"，认为企业融资会遵循首先内部融资、其次债务融资，最后权益融资的顺序。因此，当外部投资者意识到管理者的这种趋向行为时，会把发行权益证券作为企业经营的一种负面信息，要求新股进行折价发行，这样就会导致管理者不会选择用发行股票的方式来筹集资金，从而放弃了一些好的投资机会，产生投资不足。部分学者认为信息不对称还可能会造成投资过度的行为（Narayanan，1988；Heinkel and Zechner，1990）。他们认为市场对投资新项目的定价是以均值计量的，一些净现值低的新项目会从高估的股票市价中获利，当获利金额可以弥补其投资新项目的损失（负净现值）时，就会产生过度投资。还有部分学者从债务融资市场的角度分析信息不对称对投资行为的影响（Jaffee and Russel，1976）。他们发现由于信息不对称，债权人为了保护自身的利益不被侵害，会设定限制性条款制约股东的行为，导致企业的融资成本增加，进而产生投资不足；另外，信息不对称会使一些劣质债券的价值被市场高估，降低了发行企业的融资成本，诱使过度投资的发生。

另一些学者从道德风险的角度出发进行分析（Jensen and Meckling，1976；Fama，1980）。股东与管理者之间的信息不对称以及薪酬绩效契约的不完备，使得股东难以观察、监督并激励管理者的行为，管理者对个人私利的追求会引发企业的非效率投资。法扎里等（Fazzari et al.，1998）研究证实，信息不对称所导致的融资约束影响企业投资—现金流敏感性，且资本市场信息不对称的程度越强，非效率投资水平越高。我国学者的实证研究同样证明了法扎里等的结论，张功富、宋献中（2009）、郝颖等（2014）发现，我国上市公司投资不足是信息不对称所致的融资约束造成的。屈文洲等（2011）分别以 2004 年和 2007 年作为事件窗口期，选取 A 股制造业企业的数据，研究发现信息不对称水平较高的公司，其投资效率较低。

2.2 高管权力及其效应研究

2.2.1 高管与高管权力界定

1. 高管的内涵与范围

高管是公司高级（高层）管理者的简称，能够控制或者影响公司的经营决策、战略决策，在公司经营中发挥着核心作用。目前，国内外学者对高管的范围界定比较模糊，没有达成共识。

西方公司中普遍存在的分散股权结构导致公司中 CEO 的权力较大，因此多数研究把 CEO 个人作为高管团队的代表。也有学者在此基础上对高管范围进行拓展，界定为以 CEO 为核心的管理团队，主要成员是公司执行层面的高级管理人员（Hambrick and Mason，1984），包括 CEO、总裁、副总裁、CFO、CTO 及 COO 等。

国内学者对高管的界定范围多比较宽泛，一是将公司董事会成员、监事会成员和高级管理层均纳入高管范畴（魏刚，2000；张俊瑞等，2003；陈冬华等，2005；唐清泉等，2008；姜付秀等，2009）；二是借鉴国外经验，将以 CEO 为核心的高级管理团队成员（不含董事会、监事会等）列入高管范围（林浚清等，2003；刘凤委等，2007；吕长江和赵宇恒，2008；刘星等，2012；李胜楠、牛建波，2014）。此外，也有少量研究将高管范畴界定为最狭窄的 CEO 个人（李增泉，2000；谌新民、刘善敏，2003；吴文锋等，2008；李焰等，2011；赵息、张西栓，2013）。

基于委托代理理论的逻辑框架，综合国内外的研究，本书将高管范围界定为以 CEO 为核心的公司执行层面的高级管理团队，主要包括 CEO、总裁、副总裁、CFO、CTO、COO、董秘及其他高级管理人员，不包括董事会成员与监事会成员。

2. 高管权力界定

梅（May，1998）从社会学的角度将权力定义为：在社会关系中可以体现个人的存在，形成、影响或改变他人的能力。在组织中，权力形成、影响或改变组织成员间的关系，并间接影响组织的资源配置效率和利益分配，进而影响组织绩效，因此，权力在组织运营和管理中居于核心地位，是管理学普遍关注的范畴。

布拉斯和伯克哈特（Brass and Burkhardt，1993）认为高管在企业中的作用主要取决于其权力表现。拉贝（1962）在《高管权力》中首次提出高管权力概念，并将之界定为"高管控制公司达成自己目标的意愿和能力"，具体来说，是指高管利用权力来制定有利于自己的薪酬，改善工作环境，决定公司并购、证券发行等。部分学者从权力执行角度提出，高管权力是高管在企业经营战略实施过程中"克服阻力的能力"（Pfeffer，1981），或者"压制不一致意见的能力"（March and Easton，1966）。芬克斯坦（1992）在《高管层权力》（*Power in Top Management Teams*）中总结性地将高管权力界定为"高管控制企业战略向自己意愿方向发展的能力"，首次将高管权力划分为所有权权力、结构性权力、专家权力和声望权力四个维度，并进行分维度衡量。随着代理问题日益突出，更多学者

从高管薪酬制订角度出发，认为高管权力是与董事会进行薪酬谈判
（Bebchuk and Fried，2003）。

基于我国经济转轨的实践，制衡机制的缺失和国有企业的廉价
股权是高管权力膨胀与失衡的直接原因（肖丕楚、张成君，2003）。
因此，学者多从高管权力膨胀与失衡的角度出发，考察高管权力的
内涵，认为高管权力是在公司内部治理存在缺陷和外部制度约束缺
失的情况下，高管拥有的超过其特定控制权范畴的超强企业控制
力，是高管在企业经营中执行自己意愿的能力（权小锋等，2010）。
综上所述，本书认为高管权力的根源是企业控制权配置中剩余控制
权的扩张，其本质是高管在内外部因素制约下对企业的影响力。

2.2.2　高管权力的衡量

根据衡量指标的来源，可将高管权力的衡量方法分为两类：一
类是根据代理变量间接测量；另一类是直接感知测量。

1. 代理变量间接测量

代理变量间接测量法最早是采用行业作为单一代理指标测量不
同行业中高管权力的高低（Hambrick and Finkelstein，1987；Finkel-
stein and Hambrick，1990）。然而，企业高管权力是企业微观层面
的指标，采用以行业这一中观环境变量来代理，显然并不匹配，不
能反映企业权力配置和组织结构关系，因此从组织结构和公司治理
等企业微观层面指标进行衡量更加合理（Boyd et al.，1993；
Finkelstein and Boyd，1998）。

（1）分维度测量。目前一般多采用组织、个人与组织环境中一
个或几个维度的几个方面的指标进行测量，形成不同的衡量体系。

芬克斯坦（1992）最早提出，根据权力来源的两个方面——组
织和个人，将高管权力解构为四个维度：所有权权力、结构性权
力、专家权力和声望权力。兰伯特等（Lambert et al.，1993）从资
源的角度，根据组织地位、个人财富、信息控制、对董事会任命四
个方面，构建了"高管权力模型"，引起学界的关注。权小锋、吴

世农（2010）分别从所有制权力（是否持股、机构投资者持股比例）、组织权力（两职兼任、内部董事）、专家权力（高级职称、任职时间）和声誉权力（学历状况、兼职情况）4 个维度 8 项指标进行衡量。贺琛等（2015）以及胡明霞（2015）在研究中均采用了以上 4 个维度进行测量。李胜楠等（2015）根据我国实践，修正后提出新的 4 个维度：所有权权力、结构权力、政治权力和声誉权力。

在芬克斯坦观点的基础上，金（2011）将专家权和声誉权这两类基于高管个人能力所形成的权力综合成个人能力权力，高管权力被分解为三个维度：所有权权力、组织上的权力和个人能力权力。赵息、张西栓（2013）基于中国的情境，将高管权力分解为所有权权利（第一大股东持股比例、第二至第十大股东持股比例）、组织权力（两职兼任、董事会规模）以及个人能力权力（CEO 任职年限）3 个维度 5 项指标。赵息、许宁宁（2013），也将高管权力分解为所有制权力（CEO 持股、机构投资者持股）、组织结构权力（CEO 董事会任职、董事会规模）和个人能力权力（CEO 任职时间、CEO 兼职），共计 3 个维度 6 项指标。与此相类似，张长征和李怀祖（2008）、彭倩（2011）从结构职位权、专家声望权和资源运作权 3 个维度，以多个指标分别度量高管权力。

此外，部分学者综合考虑了组织、个人以及环境等多个方面的影响，形成了多维度高管权力衡量标准。陈静（2007）分别从组织因素、CEO 个人因素以及环境因素等 3 个方面，以 14 项指标测量高管权力。李和唐（Li and Tang，2010）分别从行业特征、组织特征、企业性质及 CEO 政治关联 4 个方面，以 9 项指标对其进行测量。连燕玲等（2015）则从组织因素、环境因素和制度因素 3 个层面，以 7 项指标来分别测量高管权力。

（2）综合指标测量。很多学者并不对高管权力进行解构，而是从构成高管权力的多个指标出发，综合生成一个总体指标，作为高管权力的衡量标准。但是，由于对构成高管权力指标的认知不一致，所以综合生成的测量指标大相径庭，可靠性差。

胡和库马尔（Hu and Kumar, 2004）采用是否存在控股大股东、独立董事比例、两职兼任、CEO 任职年限以及是否两年内退休共 5 项指标综合反映高管权力。卡利塔和马尼安（Kalyta and Magnan, 2008）选取是否存在控股股东、董事会规模、外部董事比例、外部董事任职年限、外部董事持股比例、两职兼任、CEO 任职年限、CEO 持股比例，CEO 内部晋升等 9 项指标反映 CEO 权力。由于拜伯切克等（Bebchuk et ai., 2009）发现 CEO 相对薪酬（CEO 薪酬与高管团队薪酬之比）对公司绩效（Tobin's Q、财务绩效、市场价值）解释力强，因此，少部分学者采用高管相对薪酬指标表征高管权力（Bebchuk et al., 2011）。

国内实证研究中，陈惠源（2005）通过专家访谈，构建高管权力的测量体系的 3 个维度：职位权（领导地位、领导力）、专家权（相对报酬、任职经历）和声望权（学历、兼职情况）共 6 个指标综合分析确定各企业 CEO 权力状况。卢锐等（2008）从股权分散度、两职兼任、高管任期三个指标综合构建反映高管权力的指标。权小锋等（2010）选取 5 项指标（董事会规模、董事会独立性、金字塔链条深度、CEO 董事会任职、CEO 任职年限），采用主成分分析法综合生成高管权力指标。苏文兵等（2010）采用职位权、报酬权、运作权 3 个维度多个指标，综合分析确定衡量 CEO 权力的指标。刘星等（2012）选取 8 个指标（董事会规模、独立董事与上市公司工作地点一致性、高管持股、高管结构性权力、学历和职称、高管任期、是否外部兼职、高管政治关联）综合度量高管权力。王茂林等（2014）选择 3 项指标（股权分散度、金字塔链条的深度、两职兼任）衡量高管权力。杨兴全等（2014）选取 8 项指标（股权分散度、董事会规模、两职兼任、CEO 职称、CEO 任职年限、CEO 学历、CEO 外部兼职、CEO 持股）综合度量高管权力的强弱。郭军、赵息（2015）选取内部董事比例、CEO 任职年限、CEO 外部兼职、CEO 内部晋升、两职兼任、机构持股等 6 项指标主成分生成综合衡量高管权力的指标。赵息、屈海涛（2015）选择两职兼任、高管任期和股权分散度 3 个变量积分生成高管权力指标。支晓强（2014）、王化成等（2015）以董事长和总经理的两职兼任作为高管权力的度量指标。张祥建等（2015）按照组织权力（两职兼任、董事会规模）、所有者权力（CEO 持股比例、股权集中度）、专家权力（CEO 职称、CEO 任职年限）、声望权力（CEO 学历、CEO 社会地位）4 个维度 8 项指标综合生成 CEO 权力指标。王嘉歆等（2016）选取股权分散度、金字塔控制链条深度、两职兼任、CEO 持股、CEO 任职年限、CEO 创始人身份和 CEO 外部兼职共 7 项指标主成分合成综合权力指标。

（3）采用结构方程模型的多重指标度量法。高遐等（2009）采用该方法，从组织因素（企业规模、年龄、资本密集度、资源丰腴度、内部政治）和环境因素（管制程度、投资机会、需求不稳定性和行业结构）两个方面，构建了高管权力多重指标度量体系。

2. 直接感知测量

与上述代理变量间接测量不同，直接感知测量多采用一手数据，通过问卷设计高管权力的感知题项，调查测量高管权力的大小。根据问卷的调查对象，可将该方法分为高管自评和专家评价两种。

（1）高管自评。高管自评指的是设计构建反映高管权力的题项，通过高管自己打分确定高管权力大小。凯（Key，1997）在开发个体自主权调查问卷（Individual Discretion Questionnaire，IDQ）的过程中发现，通过管理者感知直接获得的高管权力指标在企业研究中是有效的。卡朋特和高登（Carpenter and Golden，1997）首次运用调查问卷获得高管自我感知的个人权力大小。王世权和牛建波（2008）构建了包含投资决策权（投资方向、投资规模、产品研发）、产品销售决策权（产品定价、营销渠道、广告宣传）、人事决策权（中低层管理者任免、员工聘任、员工薪酬福利）三个方面的高管自评指标体系，并通过访谈获得部分国有大型企业集团高管权力自评数据。张长征和胡利利（2011）、张长征和蒋晓荣（2011）根据高管权力来源将高管权力解构为职位权、运作权、声望权3个维度，设计高管权力自评指标体系，并通过调查获得CEO自我感知的权力水平与期望权力水平之间的差距，将高管权力按照大小进行分组研究。此外，2006年世界银行发布《政府治理、投资环境与和谐社会：中国120个城市竞争力的提升》，通过人事、投资与生产3个方面的题项测度了CEO自评权力。

（2）专家评价。与高管自评不同的是，专家评价主要是通过调查相关专家（包括学者和熟悉公司运作的内、外部人士）获取高管权力他评得分。汉布瑞克和亚布拉罕森（Hambrick and Abraham-son，1995）通过一些学者和证券分析师的评价，从环境角度衡量了高管权力得分。沿袭王世权和牛建波（2008）的研究，王丽敏等（2010）从投资决策权、产品销售决策权、人事决策权三个方面构建了公司CEO权力评价体系，并通过调查公司的高管或者公司内部人士获得部分大型国有企业分公司高管权力的评价得分。与此相类似，张三保和张志学（2012）通过调查得到了61位学者与84位高管的他评得分，测量了中国30个省CEO高管权力的大小。

综合以上分析，由于直接感知测量题项设计缺乏严谨性，测量结果可靠性差，因此应用范围较小，关于高管权力的衡量多以代理变量间接测量为主。代理变量间接测量中，由于综合指标测量法在选取指标时缺乏统一性，逻辑性差，因此高管权力测量的结果差异性大，且不能深入高管权力的维度进行深入衡量和研究，因此，本书采用多维指标构建高管权力指标体系。

2.2.3　高管权力的经济后果

高管权力的经济后果日益受到学界关注，现有研究多集中在企业绩效方面，也有少量研究开始关注资本配置效率。现代公司制背景下，影响高管权力大小的因素有委托代理问题以及高管个人特征等，因此，对高管权力与投资效率的关系研究也多从这两方面展开。

1. 基于委托代理视角的高管权力与投资效率

委托代理框架下，国外学者大多从理论上对高管权力下的资本配置效率问题展开研究，并形成了两种观点：一是高管权力引起过度投资行为；二是高管权力引起投资不足行为。

关于高管权力引起的过度投资行为，主要的理论解释有："帝国建造"、滥用自由现金流、机会主义以及管理防御。詹森（1986）基于委托代理框架，提出自由现金流假说，认为由于管理者与股东目标利益不一致，出于个人收益最大化的考虑，高管滥用自由现金流投资于 NPV < 0 的项目，进行过度投资、完成"帝国建造"从而掌控更多资源是一种理性选择。因此，研究者们均从委托代理理论的角度解释了高管"帝国建造"的动机以及过度投资的经济后果（Shleifer, Vishny, 1989；Stulz; 1990；Hart, 1995）。部分研究者则从实证的角度检验了高管滥用自由现金流进行过度投资的存在（Vogot, 1994；Richardson, 2006；Fresard, Salva, 2010；Officer, 2011）。高管的投资机会主义也可能导致过度投资，在权衡投资私人成本与私人收益的基础上，为了避免投资失败和声誉受损，高管可能会选择市场偏好的项目，引起过度投资（Bebchuk and Stole, 1993；Bebchuk and Fried, 2001）。高管出于防御的目的，会选择长期项目，争取留任（Noe and Rebello, 1997）。

关于高管权力引起的投资不足行为，主要的理论解释有机会主义和管理防御。出于个人声誉考虑，高管可能倾向于增加能提升企业短期绩效的投资，减少风险性大、见效慢的长期投资项目，导致投资不足（Narayanan, 1988）。沙尔夫斯坦因和斯坦因（1990）发现了企业投资中的羊群效应，认为高管为了避免投资失败、声誉受损，可能放弃前瞻性投资项目，从而选择从众的投资行为，导致投资不足。出于管理防御目的，高管可能选择那些自身擅长的项目，维持自身地位的稳固（Neo and Rebello, 1997）；或者继续维持、不清退那些经营绩效差的项目（Barker, 2000），从而导致投资不足。

国内的研究多从实证方面展开。辛清泉等（2007）认为，失效的薪酬—绩效契约无法激励高管，导致高管权力下的自利行为，引发过度投资。詹雷、王瑶瑶（2013）发现，高管激励水平低会导致其机会主义行为的发生，即采取过度投资从而增加自身未来的货币薪酬。从高管权力综合指标角度，张丽平、杨兴全（2012）的研究表明，高管权力越大，过度投资越严重。王茂林等（2014）检验了高管权力对现金股利的影响，在面对由于自由现金流充裕引起的过度投资时，现金股利能抑制过度投资；在面对由于自由现金流紧缺引发的投资不足时，现金股利能加剧投资不足；高管权力对现金股利与非效率投资两者的关系发挥了负向调节作用。董红晔、李小荣（2014）检验了国有企业高管权力与过度投资的关系，发现国有企业高管权力与过度投资正相关；政府干预能减缓这种正向关系；良好的法律环境和香港上市能制约高管权力引起的过度投资。谭庆美等（2015）发现中国上市公司中高管权力越大，过度投资程度越重；构成高管权力的各指标对过度投资的影响不同，CEO 任职年限、CEO 学历及 CEO 持股比例与过度投资水平正相关；两职兼任与过度投资水平负相关；外部治理机制（大股东持股、产品市场竞争）发挥了负向调节作用，能够抑制过度投资的发生。李胜楠等（2015）检验了产权性质、环境不确定性对高管权力与过度投资的影响，发现国有产权能削弱高管权力引发的过度投资；面对不确定性的环境，国有产权加剧高管权力引起的过度投资；非国有产权抑制高管权力引起的过度投资。王嘉歆等（2016）检验了企业生命周期、产权性质、产品市场竞争对 CEO 权力与投资效率关系的影响，研究发现，成长期和衰退期中高管权力会抑制企业的非效率投资，成熟期中高管权力会导致企业非效率投资；产权性质和产品市场竞争对两者关系发挥调节作用。

2. 基于高管个人特征的高管权力与投资效率

汉布瑞克和梅森（Hambrick and Mason，1984）提出高层梯队理论，认为具有不同性别、年龄、学历、教育背景、任期、工作经历等背景特征的高管在企业经营决策中的行为选择有显著的差异。因此，从高管背景特征角度考察其对企业投资行为的影响就显得尤为重要。

针对高管的个人特征与投资效率的关系，国内学者做了大量的研究。姜付秀等（2009）发现高管团队平均受教育水平与过度投资存在着显著负相关关系；平均年龄也负向影响过度投资水平。祝继高等（2012）发现女董事越多，企业投资水平下降得越多；王海萍（2011）认为女性领导者更希望展现自身的能力，从而提高投资水平；李焰（2011）指出女性领导者与企业的投资水平无关。李培功、肖珉（2012）检验了 CEO 任期与投资效率的关系，发现非国有企业中，投资效率与 CEO 任期无关；国有企业中，CEO 任期对过度投资水平具有正向影响。张兆国等（2013）运用高层梯队理论，实证检验了高管晋升对非效率投资的关系，发现晋升与过度投资呈倒 U 型关系；高学历、长任期能显著增强高管晋升对过度投资的影响。

此外，潘前进、王君彩（2015）将高管的个性特征概括为高管能力，采用综合指标检验了高管能力与投资效率的关系，高管个人能力越强，越能缓解投资—现金流敏感性，提高资本配置效率，进一步研究发现：高管个人能力越强，越能减弱融资约束导致的投资—现金流敏感性，降低投资不足水平；高管个人能力越强，越能抑制代理冲突引起的投资—现金流敏感性，减少过度投资的发生。

综上所述，关于高管权力的经济后果研究，关注资本配置效率的较少，且已有的国外研究多关注理论解释，国内研究侧重检验高管权力综合指标与过度投资的关系，尚存在待完善之处：一是不同权力维度对投资效率是否存在影响以及存在何种影响尚未有研究；二是缺乏高管个人特征形成的权力维度对投资效率影响的研究；三是高管权力综合指标与投资效率的关系目前没有形成一致性的结论，尚需进一步实证检验。

2.3　内部控制及其治理效应研究

2.3.1　内部控制的度量

1. 内部控制缺陷作为替代变量

1992 年，美国 COSO 建立了整合的内部控制框架，提出内部控制构成的"五要素论"观点，认为企业应当围绕控制环境、风险评估、控制活动、信息与沟通及监督这五大要素对内部控制水平进行系统评价。2002 年"SOX 法案"中 302 条款明确规定高管在内部控制披露方面的义务，要求高管对内部控制的有效性进行鉴别并公开披露报告内部控制的实质性缺陷。更为严格的 SOX404 条款则增加了外部审计师对公司内部控制有效性评估的审计意见，标志着美国上市公司的内部控制开启"最严格监管"——公众监督模式。由于"SOX 法案"在法律效力上严格有效，美国公司的内部控制报告准确可靠，能够真实反映内部控制缺陷存在与否，因此美国学者大多以披露的内部控制缺陷来表征企业内部控制水平，借以衡量企业内部控制质量高低（Doyle et al.，2007；Beneish et al.，2008；Johnstone et al.，2011）。

我国内部控制信息披露制度规范起步较晚，财政部等五部委分别于 2008 年、2010 年颁布了《内部控制基本规范》和《内部控制配套指引》（以上两个规范被简称为"CSOX 法案"），要求上市公司披露其内部控制自我评价和内部控制审计两份报告，内部控制信息披露逐渐由自愿披露进入强制披露阶段。与美国 SOX 法案对内部控制实质性缺陷认定的严谨性和准确性相比，我国对内部控制缺陷标准的认定是模糊不清的，因此，部分学者通过以下两类变量代理内部控制的质量：一类是以财务报告的质量作为代理，如公司的违规处罚情况、财务报告的重述以及无保留审计意见等；另一类是以内部控制自评报告或者内部控制审计（鉴证）报告披露与否作为标准（杨有红，陈凌云，2009；李万福等，2011；崔志娟、刘源，2013；方红星、陈作华，2015）。

2. 构建综合评价指标

由于"CSOX 法案"操作性差、缺乏严格法律惩罚条例，目前我国上市公司报喜不报忧，只披露内部控制好的方面，隐匿差的方面，内部控制自评报告可靠性存疑（刘焱、姚海鑫，2013）。因此，简单地以内部控制自评报告、内部控制审计（鉴证）报告披露与否衡量内部控制水平，研究结论准确性差。基于以上原因，目前理论界多选择构建综合评价指标来评价内部控制水平。

部分学者通过数理模型构建了综合评价体系，如王立勇（2004）、朱卫东等（2005）、韩传模，汪士果（2009）、王海林（2009）、陈汉文（2010）、林斌等（2011）、戴文涛、李维安（2013）、陈关亭等（2013），为构建内部控制质量评价指标体系提供了有益的借鉴。此外，一些权威内部控制研究中心从内部控制制度或内部控制目标的角度，逐步探索并构建了适合我国实践的上市公司内部控制评价体系，按年度对上市公司内部控制质量进行评价，并对外公布内部控制指数，逐渐成为理论界衡量上市公司内部控制质量的重要依据，开启了我国上市公司内部控制质量评价指标体系研究的新篇章。目前被大家广泛关注和采用的有迪博企业风险管理技术有限公司的内部控制指数（简称迪博指数）、东北财经大学的中国内部控制研究中心的内部控制指数、厦门大学内控指数课题组的内部控制指数、中山大学内部控制课题组的内部控制指数等。

2.3.2　内部控制的治理效应

内部控制的治理效应主要体现在两个方面，一方面是内部控制的治理效果，也就是内部控制对企业绩效的影响；另一方面是内部控制的治理效率，主要体现在内部控制对投资效率的影响。现有研究多集中在企业绩效方面，也有少量的研究开始关注资本配置效率方面。

1. 内部控制质量对企业绩效的影响

国内外学者主要从信号传递的外部传导机制与内部治理机制两个方面研究内部控制治理效果。

从企业外部来说，内部控制主要发挥信号传递机制的作用，能够降低投资者风险，提升企业价值。研究者发现，内部控制有实质性缺陷的上市公司，公司绩效往往较差（Doyle et al.，2007；Ashbaugh-Skaife et al.，2009），后期绩效和股票回报都更差（Tang and Xu，2007）。而披露内部控制实质性缺陷的上市公司，其股票市价更低（Tseng，2007）。林钟高等（2007）检验得出，我国上市公司内部控制质量显著正向影响公司价值，内部控制质量水平越好，公司价值越高。黄惠平和宋晓静（2012）研究发现，披露内部控制自评报告或内部控制审计（鉴证）报告的公司价值更高。张晓岚等（2012）建立了涵盖披露内容、披露形式、外部鉴证、内部治理四个维度的内部控制信息披露评价体系，发现内部控制质量越高，企业绩效越好。周守华等（2013）研究表明，内部控制质量正向影响企业绩效水平。也有部分学者发现，存在内部控制实质性缺陷的公司ROA更低，但对市场价值没有直接影响（Stoel and Muhanna，2011）。

从企业内部来说，内部控制通过其治理作用的发挥提升企业的经营水平，提高企业绩效。查剑秋等（2009）研究表明，高质量的内部控制能够保障企业战略的实施，从而提高企业的价值。李万福等（2011）检验证实，高质量的内部控制能够发挥积极治理作用，降低企业的非效率投资水平，从而提高企业绩效。此外，高质量的内部控制还能够通过抑制高管的盈余管理行为，增加企业价值（Hazarika et al.，2012）。

2. 内部控制对企业投资效率的影响

关于内部控制质量对投资效率影响，已有研究较少。李万福等（2011）研究发现，内部控制能够遏制企业的非效率投资行为，内部质量越高，企业非效率投资的程度越小。以存在内部控制实质性缺陷的公司作为样本，研究发现实质性缺陷披露后，非效率投资程度降低（Cheng et al.，2013）。方红星、金玉娜（2013）按照非效率投资的成因将其分为意愿性与操作性两类非效率投资，研究表明：公司治理对意愿性非效率投资治理作用显著，而内部控制对操作性非效率投资的治理作用显著，从而降低企业的两类非效率投资水平。刘焱（2014）研究证实，成熟期和衰退期中，内部控制对过度投资存在显著的治理作用，能缓解过度投资的程度。张超、刘星（2015）研究发现，内部控制实质性缺陷的披露能够降低企业过度投资的程度；对于披露不充分的企业，内部控制实质性缺陷的披露更能降低非效率投资（包括过度投资和投资不足）程度。王爱群、时军（2016），周中胜等（2016），姜蕾（2016）均发现，内部控制质量能够抑制非效率投资。

尽管探讨内部控制质量对投资效率影响的研究较少，但是取得了比较一致的研究结论，内部控制质量显著负向影响企业的非效率投资水平。现有的研究多从实证角度检验二者的关系，很少关注内部控制对企业投资行为的作用机理，这些方面是未来研究的方向和突破点。

3. 内部控制、高管权力与投资效率

干道胜、胡明霞（2014）以 2009～2011 年度 A 股国有上市公司为样本，选取金字塔控制链条深度、高管持股比例、两职兼任与 CEO 任职年限四个变量，积分生成一个反映高管权力的综合指标，从高管权力视角研究内部控制与企业过度投资的关系，研究发现：在国有企业中，内部控制质量与过度投资水平负相关，高管权力能够减弱内部控制质量对非效率投资的抑制作用。

鲁笛（2013）以 2008～2010 年间深沪两市 A 股上市公司数据为样本，选取两职兼任、股权分散度、董事会独立性、董事会规模四个变量，综合生成一个高管权力指标，实证检验了内部控制对管理层权力与投资效率两者关系的调节作用。结果表明，内部控制质量越高，越能抑制高管权力滥用所导致的非效率投资。

综上所述，目前对高管权力、内部控制与投资效率关系的研究比较少，已有研究都是通过一个综合指标反映高管权力，没有深入高管权力维度进行分析，且缺少关于内部控制对投资效率的治理机制方面的研究，因此，本书将针对这些不足展开进一步探讨。

2.4　制度环境与企业投资效率

2.4.1　制度与制度环境

一般来说，制度（institution）是人们在社会中普遍遵循的办事规则和行为准则。正如制度变迁理论的创始人诺斯（North，1990）所言，制度是一个社会游戏的规则，是人们创造的、约束人与人之间相互关系和行为的框架。制度框架提供了激励约束导引，既会对人们的行为进行约束，也会对人们的行为提供支持，支配和约束人们的行为选择（Scott，2013）。

根据诺斯的观点，制度和组织间的互动作用是制度变迁的关键动因，因此，新制度经济学将制度因素引入组织研究中，更多地强调两者之间的互动关系，开启了组织研究的新思路。由此，制度环境已经成为组织研究的一个重要理论基础（Clercq et al.，2010）。制度环境是个体和组织必须遵守的、由各种规则和条件所塑造的一种社会经济背景或者情境（Scott，1995）。一般来说，制度环境是指组织所面临的制度改革、政府监管、市场竞争以及法治水平等外部环境（夏立军、方轶强，2005）。具体来说，制度环境是可以从产权环境、契约环境和对投资者的保护等不同角度认识（La Porta et al.，1998；Acemoglu and Johnson，2004）。结合我国的实践，产权环境主要是指企业的产权性质或者政府的监管；契约环境主要是外部市场化水平，包括市场竞争状况、法治水平等；对投资者的保护主要是指我国资本市场对企业的监管机制，这一点可以通过资产市场中的主要监督力量——机构投资者的治理来体现。因此，本书所指制度环境主要是政府监管（产权性质）、区域市场环境（市场化进程）和资本市场环境（机构投资者特征）。

2.4.2 制度环境对企业投资效率的影响

纵观已有研究，学者们主要从公司内部治理的视角研究对投资效率的影响，且多用委托代理理论和信息不对称理论解释非效率投资的成因，忽视了企业外部制度环境对企业投资效率的作用。新制度经济学认为，制度环境决定并塑造组织内部契约，对企业的经营决策有重要影响（La Porta et al.，1999；Perotti et al.，2006；Djankov al.，2007）。随着改革开放的深入，我国的制度环境发生了巨大变化，基于我国外部制度环境的企业投资行为也具有特殊之处，正如孙峥等（2005）、李延喜等（2013）所说，中国企业的非效率投资是一种适应外部制度环境的理性选择。

1. 政府监管与非效率投资

按产权性质不同，我国企业可分为国有企业和非国有企业。与西方国家发达的市场经济不同，我国的市场成熟度仍处于较低水平，因此我国市场经济的一个突出表现是国有企业在上市公司中起主导作用。不同产权性质代表了政府监管的程度是不同的，因此比较不同所有制企业的非效率投资是很有意义的。

与非国有企业相比，国有企业的性质比较特殊，其投资者的所有权和法人的财产权边界模糊，而产权不明晰会使管理者积极性不高，导致投资效率低下。且国有企业与非国有企业在投资决策上存在差异，因此，这两者的投资效率也会表现出不同（佟爱琴，2013）。一些学者认为，在国有控股公司中投资偏离最优状态的表现是投资过度，在非国有控股公司中则表现为投资不足（杨清香，2010；申慧慧等，2012）；而汪平和孙士霞（2009）则认为，过度投资行为普遍存在于我国企业中，并不会因产权性质的不同而存在差异。此外，一些学者比较了不同产权性质下非效率投资程度的差异。与非国有公司相比，国有控股上市公司的投资过度程度更加严重（张冀、李辰，2005；黄福广，2005；马如静，2007；辛清泉，2007；赵博，2012）。梅丹（2008）进一步分析得出，国有股比例与过度投资水平之间存在显著正相关关系。而刘参（2013）则证实，国有股比例与过度投资程度之间呈 U 型关系。

由此可以看出，国有企业存在过度投资的行为已经得到了一致的结论，而对其原因的解释，不同学者持有不同的观点。田利辉（2005）认为国有企业预算软约束的匮乏导致高管"帝国建造"行为严重。赵博（2012）从契约安排的角度指出，国有企业中缺乏完善的高管激励机制，因此导致高管自利动机下的过度投资行为。佟爱琴（2013）从经营目标的角度进行了分析，认为国有企业的经营目标具有多元化的特点，在实现企业价值最大化的同时还要满足政府的要求，如提供就业岗位、缓解失业压力、提高政府税收、投资新兴产业等，从而容易导致过度投资的发生。正如白俊、连立帅（2014）的解释，政府干预形成的政策性负担和高管权力的寻租行为是造成国有企业过度投资的关键原因。

综合前人的研究成果可以看出，目前的研究多集中于国有企业中的过度投资方面，缺乏对投资不足存在性的研究，而且产权性质对非效率投资的影响效果及作用机理缺乏系统性研究。

2. 区域市场环境与非效率投资

中国自 1978 年后进入市场经济转轨期，该过程并不是简单的制度变迁，而是一系列法律、经济、社会以及政治体制的大规模变动。历经 40 年，市场机制已经在多数经济领域起着主导作用或者重要作用。我国的市场化环境是随着我国市场经济转轨、市场化进程的发展而逐渐塑造成型的，所以，市场环境与市场化进程在内涵上是同一概念。

市场环境对组织行为及绩效的影响引起了国内外学者的关注。拉波特（La Porta et al.，2000）研究发现，不同国家市场环境的差异给企业带来不同的代理成本与治理绩效。结合中国特色市场化进程的企业研究取得了初步成果。夏立军和方轶强（2005）指出，市场环境会影响组织内部契约的安排和有效实施，在公司治理中起着"基础性"的效用，影响公司绩效与效率。一些学者开始将市场环境的影响聚焦于企业经营活动和投资活动方面。李洁（2011）认为市场化进程部分实现了政企分开，减轻了企业承担的政府目标，同时加强了法律监管力度和投资者保护水平，削弱了管理者过度投资的动机。因此，有学者提出，市场化程度与企业的过度投资水平负相关（李豫湘，2011；闫滨，石大林，王海军，2014；郭桂花、王昕昕，2014）。

然而，我国幅员辽阔，市场化进程在不同地区和不同部门的发展情况不均衡（樊纲，2006），不同程度的市场化进程对企业的非效率投资影响也不同。罗党论、唐清泉（2007）以2001~2003年的上市公司为样本检验证明市场化进程越高，政府对市场的干预程度越低，市场经济健康发展，则投资者利益不易被侵害，可遏制控股大股东"掏空"动机下的过度投资行为。还有一些学者研究了市场化进程的调节作用，罗付岩（2013）分析了不同市场化进程下关联交易的利益流向对公司投资效率的影响。罗琦（2014）研究了区域市场化进程对高管权力滥用所致的非效率投资行为的约束作用，市场化程度越高，越能强化对高管权力的监督约束，降低企业的非效率投资水平。大部分研究表明，市场化进程会降低非效率投资的水平，但是市场化进程抑制非效率投资的作用路径还需要进一步论证。

3. 资本市场环境与非效率投资

公司治理水平是影响投资效率的关键因素，资本市场作为一种外部治理机制，其对企业投资效率的影响可以通过资本市场主要监督力量——机构投资者的治理作用来实现。机构投资者的治理作用目前形成了三种假说：有效监督假说、利益冲突假说和战略合作假说（Pound，1988）。大多数研究者发现，机构投资者一方面为了自身长期利益会参与公司的经营活动，并加强对管理层的监督，另一方面机构投资者具有较强的信息处理能力，并可以从公司管理层获得内部信息，同时可以将信息进行外部传递，降低了信息不对称程度，有利于外部股东对管理者的监督，从而起到改善公司治理的作用（Shleifer and Vishny，1986；McConnell and Servaes，1990；王琨和肖星，2005；薄仙慧和吴联生，2009）。而部分研究者则认为机构投资者的逐利天性导致了他们的短视行为，极有可能会背离股东而屈从于管理者或者与之合谋，进一步激化委托代理问题，产生消极影响（Faccio and Lasfer，2000；吴世农等，2006；吴晓辉和姜彦福，2006）。

机构投资者如何影响企业的非效率投资，这个问题引起了许多学者的关注，但并没有形成一致结论。一部分学者研究发现，机构投资者能够有效监督高管的投资决策行为，降低企业非效率投资的水平（唐雪松，2007；刘广、陈建国，2011），且机构投资者持股比率与公司非效率投资程度显著负相关。计方、刘星（2011），朱信凯、徐星美（2016）进一步发现，这一治理效应仅体现在民营企业，而在国有控股企业中受到限制。另一部分学者研究表明，机构投资者持股不能抑制企业的过度投资行为，甚至会加剧过度投资程度（刘昌国，2006；孟涛等，2015）。

总体来看，将机构投资者作为同质个体进行研究没有取得一致性的结论，机构投资者治理效应的作用机制也并不明晰。因为众多机构投资者（如证券投资基金、QFII、社保基金、保险公司和财务公司等）在投资期限、主体性质、投资偏好等方面存在不同，对上市公司治理效率的影响自然有差别（Brickley et al.，1988；Cornett et al.，2007；范海峰，2009；唐跃军、宋渊洋，2010；牛建波等，2013；李争光等，2014）。因此，对机构投资者进行分类研究是必要的。

基于机构投资者异质性视角的企业投资效率研究起步较晚，学者金玉娜、张志平（2013）将机构投资者分为基金持股、QFII 持股、券商持股、保险持股和社保持股，研究证实了异质性机构投资者对过度投资的治理效果存在显著差异，其中：基金和 QFII 治理效果显著，能够抑制公司的过度投资水平；而券商、保险公司和社保基金对过度投资的抑制作用不显著，没有发挥治理作用。

由于研究目的、划分标准不同，导致机构投资者的分类也有所差异。一些学者将机构投资者按照持股结构划分为基金型投资者与非基金型投资者。唐松莲等（2015）和佟岩、刘第文（2016）发现，相较于非基金型投资者，基金持股对非效率投资治理作用更显著，能缓解企业投资不足的程度。一部分学者按照投资偏好将机构投资者分类为稳定型和交易型两类（牛建波，2013；李争光，2014；朱信凯、徐星美，2016），研究结果证明，相较于交易型机构投资者，稳定型机构投资者在克服企业无效率投资方面扮演了更为积极的监督者角色（李争光等，2015）。还有一部分学者按照持股时间长短将机构投资者划分为长期持有型和短期持有型两类（叶建芳等，2012；唐松莲等，2015），发现长期持有型尤其是长期持有的基金能够发挥治理作用，与过度投资水平显著负相关；缺乏治理动机的短期持有型则不能抑制过度投资行为。此外，按照机构投资者的独立性或者是否与上市公司存在商业关系来判别，可将之分为压力抵制型和压力敏感型。龚光明、彭娟（2014）发现压力抵制型机构投资者持股比例越高，越能加强会计信息对非效率投资的改善作用；而压力敏感型机构投资者则表现为利益的攫取者，加剧非效率投资程度。夏宁、邱飞飞（2016）通过实证分析发现，压力抵制型机构投资者可以发挥积极治理作用，削弱管理者权力滥用所导致的非效率投资程度；压力敏感型机构投资者则没有发挥治理作用。

综上所述，从机构投资者的异质性角度进行分析，可以得到大体一致的结论，即基金、稳定型机构投资者和压力抵制型机构投资者可以有效改善企业的非效率投资水平。但是鲜有文献从机构投资者治理的角度研究高管权力和投资效率的关系。因此，本书将对资本市场中机构投资者对高管权力的治理作用及效果进行研究。

第 3 章 理论分析及模型构建

3.1 高管权力下的企业投资行为

3.1.1 不完全契约理论：剩余控制权是高管权力产生的根源

科斯开创性地提出了现代契约理论，开启了企业控制权配置研究。科斯（Coase，1937）在其经典论文《企业的性质》（*The Natural of the Firm*）中指出，企业是一系列契约的集合，各种要素投入者通过订立契约的方式联合起来组成企业。作为缔约方，在契约签订之初，就须对双方在未来的权利和义务以及发生争议的解决方式等进行明确规定。然而，这是建立在对未来合约期内可能发生的事件和风险有完全预见的前提下的，实际上，未来可能发生的事件以及风险不可能由契约完全界定，而制订完全契约的交易成本远超缔约收益，因此，完全的契约只能是一种理想状态，在企业实践中并不存在。

格罗斯曼和哈特（Grossman and Hart，1986）最早认识到不完全契约的存在，随后，在格罗斯曼和哈特以及哈特和莫尔（Hart and Moore，1990）分析框架的基础上，逐渐发展形成了不完全契约理论，这种分析框架称为 GHM 理论。从契约理论的角度看，企业的控制权应该完全由股东掌握，包括特定控制权和剩余控制权。特定控制权指能由契约完全界定的对企业经营决策行为的控制力。而剩余控制权被正式提出之前，已经出现了类似的替代概念，诸如权威、指挥权、企业家的权力等。由于契约的不完全，契约不可能完全界定那些未来可能发生的事件以及风险，因此，那些未被契约明确规定的事项的处置权利被称为"剩余控制权"。显然，在不完全契约下企业剩余控制权配置问题显得尤为重要，因为拥有剩余控制权的一方，可以在面对这些未被契约明确界定的事项时，做出有利于自己的企业战略或经营决策。在现代企业制度建立以前，两权合一，企业的所有者即经营者，企业的特定控制权与剩余控制权都归企业所有者所有，不会产生企业控制权配置问题。随着现代企业制度的建立，企业所有权与经营权分离带来了企业委托代理问题，作为最终代理人的管理者，拥有企业的特定控制权；由于契约的不完全，本应该受股东委托代理企业剩余控制权的董事会，考虑到监管成本以及信息的可获得性，可能把剩余控制权下放到高管手中，使高管拥有特定控制权的同时又掌握了部分甚至全部剩余控制权，扩大了其权力。正是拥有了对未尽事项的处置权，使得高管在企业经营中具有更大的自由裁量权，具有更大的权力，为作为代理人的高管在企业经营中做出利己的企业决策提供了权力保障和基础。

3.1.2　基于多视角的高管权力

根植于企业剩余控制权的高管权力其大小如何确定，这是学术界关注的焦点之一。根据亚当斯等（2005）的权力划分标准，可将高管权力分为正式权力与非正式权力。高管的正式权力是来源于制度、组织等安排的权力，如所有权权力、组织权权力等。高管的非正式权力是与高管职位不相关的权力，是基于高管的知识、信息、经验、个人魅力等形成的基于个人能力的权力。

管理学很早就认识到，权力影响组织成员的关系，塑造企业结构，影响组织效率，在组织运营和管理过程中居于核心地位。管理过程学派的创始人法约尔将高管权力分为制度权力和个人权力。制度权力，又称职务权力，是指由于劳动分工使高管在组织中处于一定的职位或者地位而产生的相应权力，该权力依托的是组织所赋予的合法性；个人权力则是指高管由于一些个人特质，比如知识、信息、经验、魅力、个性以及道德品质等而具有的影响力。法约尔认为，这两种权力相辅相成，制度权力的实施赋予高管更多的知识、经验、信息等的累积，也提高了高管的声誉，是高管个人权力产生的源泉；个人权力是制度权力实施的保障，拥有较高个人权力的高管往往能力更强，越能更好地发挥其职务权力，因此一个好的管理者应以其个人权力来补充制度权力。普费弗（Pfeffer，1981）也指出，高管作为管理人员，其作为管理专家的权力、科层组织赋予的权力、个人魅力权力确保了其在组织经营决策中的影响力和操控力。

归根结底，要想找寻高管权力的决定因素，必须从企业所有权配置的源头进行分析。学者们从不同的视角对高管权力展开研究，目前形成了基于企业所有权配置的高管所有权权力、基于组织结构安排的组织权权力和基于个人能力的权力（Kim，2011；赵息、许宁宁，2013）。其中，前两者是来源于制度与组织安排的正式权力，也就是法约尔所说的制度权力；基于个人能力的权力属于非正式权力，是基于高管的专家权和声誉权而形成的，也就是法约尔所提到的个人权力，其中，专家权体现了高管个人知识、信息、经验等累积，声誉权主要是基于高管声誉、威望、个人魅力等形成。高管权力维度及理论解释如图3-1所示。

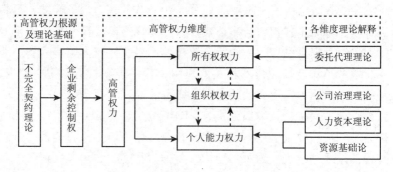

图3-1　高管权力维度及理论解释

1. 高管所有权权力：委托代理理论的解释

按照 GHM 理论的分析框架，由于不明确事项的存在导致企业契约的不完全性，对未尽事项的处置权形成了剩余控制权问题，而影响企业剩余控制权配置的决定性因素是企业所有权的安排。正如哈特和莫尔（1990）指出的，不完全契约中所有权是权力的来源，因为雇员往往按照老板意愿行事，所以对物质资产的控制权能够导致对人力资本的控制，基于此，GHM 理论认为剩余控制权天然地归物质资产所有者所有而非人力资本所有者所有。现代企业所有权与经营权的分离改变了剩余控制权的配置状态，作为企业经营者的高管，被股东授予企业特定控制权和部分剩余控制权，高管在企业经营中面对不明确事项具有更大的自由裁量权，拥有更大的高管权力。而影响企业剩余控制配置或者说影响高管权力大小的决定性力量，就是企业所有权安排，因此可以说，企业所有权是高管权力的根源。一般来说，企业的所有权安排指的是企业的股权结构，不同的股权结构必然导致不同的公司治理结构、激励机制等，必然产生不同的剩余控制权配置，塑造不同的高管权力。

当管理者利用手中的权力以牺牲股东权益为代价谋求个人私利时，必然引起企业剩余控制权的争夺以及再配置问题。而剩余控制权的再配置归根结底取决于企业的所有权安排，即股权结构，不同的股权结构导致剩余控制权的配置存在显著差异。在股权集中状态下，存在控股大股东，其可以通过内部董事会的代理股票权全部或者部分剥夺管理者的剩余控制权，更换高管或者削弱其权力；小股东可以通过"用脚投票"方式，激发大股东重新配置企业剩余控制权。实践中也同样证实，控股大股东会有积极治理动机并采取适当方法激励约束高管权力行为，提高企业经营效率（Shleifei and Vishy，1997；Bebchuk and Fried，2003）。在股权分散的状态下，分散的股权稀释了股东的权力，股东在剩余控制权争夺和配置中缺少话语权，股东也不会积极参与公司治理、监督高管权力及行为，为高管以权谋私提供了机会（Tosi et al.，1999）。

高管所有权权力是基于企业所有权派生出来的权力，因此是各维度高管权力的本源和出发点，影响甚至决定其他维度高管权力的大小。企业所有权安排塑造不同的公司治理结构，影响企业剩余控制权的配置，决定高管权力的大小；不同的股权结构也导致不同的剩余控制权再配置，进一步影响高管权力的大小。

2. 高管的组织权权力：公司治理理论的解释

钱德勒（Chandler）在 1977 年出版的《看得见的手：美国企业的管理革命》（*The Visible Hand：the Managerial Revolution in American Business*）中指出，企业在资源配置方面的优势已逐渐取代外部市场的资源配置方式；内部资源配置主要是通过"看得见的手"内部控制权进行协调管理，外部"看不见的手"主要是通过市场价格机制实现；企业已成为美国经济最强大的机构，管理者作为协调管理配置资源的执行者已成为最具权力的经济决策者集团。管理学中，法约尔将科层组织赋予高管的配置资源权力称为制度权力或者职务权力，该权力依托的是组织所赋予的合法性，是指由于高管在科层组织中处于一定的正式职位或者具有一定的权威地位而产生的相应权力。

由于契约中不确定事项的存在，导致产生企业剩余控制权配置问题。两权分离使得剩余控制权实际上掌握在企业经营者高管的手中，为了更好地激励约束高管按照股东意图行使其权力，股东和其代理人董事会精心设计了公司治理结构和治理机制，并以制度的形式明确下来，比如，公司章程、股东大会议事制度、董事会制度、监事会制度等，从而有效地监督和制约高管权力。因此，组织赋予高管的剩余控制权受到来自公司内部治理结构和机制的制约，换言之，公司治理是股东对企业剩余控制权配置的制度安排。

芬克斯坦将这种制度权力称为高管的组织权权力，这是基于正式的组织结构和科层权威、通过自己所拥有的立法权来对企业剩余控制权的制度安排。高管因为其具有的正式组织地位而拥有组织权力，组织的治理结构情况因素，如董事会权力结构、董事会构成、监事会制度等，也在很大程度上影响了高管的组织权权力大小。高管的组织权权力是企业科层组织治理结构所赋予的，是董事会授权的，而董事会的权限来自企业所有者，因此，高管的组织权权力，归根结底要受企业所有权结构的影响。

3. 高管个人能力权力：人力资本理论和资源基础论的解释

遵循亚当斯等（2005）的研究，高管所有权权力、高管组织权权力是由在企业所有权安排及高管在企业科层组织中的位置决定的，是正式权力；个人能力权力是高管个人的知识、信息优势以及由此形成的声誉、威望、个人"明星"形象等决定的，体现了高管的个人能力，是非正式权力。

以契约理论和产权经济学为代表的主流经济学理论认为，企业的特定控制权和剩余控制权应该为股东所有，拥有知识、信息、经验、声誉、威望及个人魅力等的高管在企业控制权配置中处于从属地位。但是，这一观点受到越来越多的挑战。奥地利学派的哈耶克（1945）最早认识到知识对经济的重要性，指出经济效率取决于决策权力（权威）和支撑决策的知识与决策权力间的匹配关系。延续哈耶克的分析框架，詹森和麦克林（1992）研究了知识、权力（决策权威）与组织绩效的关系，发现组织绩效取决于权力（决策权威）与知识的匹配程度；通过分权、授权的方式将权力（决策权威）下放给拥有知识和信息的高管，会提高企业效率；由于高管拥有的知识、信息等的积累增加了高管与股东的议价能力，促进了权力下放到高管手中。因此，正如阿洪和梯若尔（Aghion and Tirole，1997）的研究所指出的，高管拥有与其知识、信息等相匹配的企业控制权，且控制权的配置受资产所有者的制约。

卡斯塔尼亚斯和海尔法特（Castanias and Helfat，1991，1992）最早将人力资本理论运用到高管的研究中，认为具有独特个人特征、能力和技能的高管是企业中最为重要的人力资本，与物质资本一样应当获得企业的特定控制权和剩余控制权。拉詹和津加莱斯（Rajan and Zingales，1998）从人力资本的角度研究了高管权力与其知识、信息储备的关系，认为企业不仅仅由物质资本所决定，掌握知识和信息资源的高管以其具有的人力资本在新型企业发展中具有关键性作用，因此企业控制权配置不仅取决于物质资本（物质资产所有权），更受到人力资本的影响。与物质资产和金融资产类似，商誉是由主体过去行为形成的一种资产，需要不断地投资和维持（Tadelis，1998）。由此可见，与知识、信息等类似，高管声誉也是高管的一种人力资本，良好的高管声誉有利于高管获得更高的报酬，也有助于企业获取更多的市场配置资源。根据人力资本理论的观点，高管卓越的知识、信息、经验、声誉等构成了企业的稀缺性和更具有竞争力的人力资本，反映了高管超强的个人能力，使得高管在企业剩余控制权配置中更具有话语权。

巴尼（Barney，1991）提出的资源基础论框架指出，能够给企业带来持续竞争优势的战略性资源必须具备的特征有：有价值性、稀缺性、难以模仿性和不可替代性。基于知识、信息、经验、声誉、魅力等具有竞争力的高管人力资本，具备了企业战略性资源的特征（Wernerfelt，1984；Barney，1991；Barney，2001）。由于高管充当着组织与外部环境的联络官，在面对不确定性的外部环境时，高管利用自己的知识、信息等，能够帮助组织降低风险，获取更多的资源，提高绩效。高管的这种基于个人知识、信息、声誉等所形成的能力是高管权力的重要来源。特别是近十年来，知识、信息等在经济中的作用日趋重要，越来越多的人认识到高管的知识、信息等已经成为最重要的生产要素之一，是企业竞争力的源泉。因此，在组织权力配置中，应当保证知识与权力的匹配，让拥有更多知识、信息、经验、地位、权威、声誉等人力资本的高管参与公司治理，配置更多的企业控制权，这将更有利于其战略性人力资本优势的发挥，有助于提高企业经营效率。

综上所述，高管权力包括正式权力和非正式权力，正式权力是来源于产权、制度等安排的权力，包括所有权权力和组织权权力；非正式权力是基于高管的知识、信息、经验、个人魅力形成的、与高管职位不相关的个人能力权力。个人能力权力包括专家权力和声誉权力，专家权力是基于高管个人知识、信息、经验等形成的，声誉权力是基于高管声望、威望、个人魅力等形成的。高管的正式权力与非正式权力相辅相成，正式权力影响并塑造高管的个人能力权力；个人能力权力是高管正式权力实施的保障。由企业所有权派生出来的高管所有权权力是高管组织权力和高管个人能力权力的本源和出发点，塑造并决定了其他的高管权力。

3.1.3　基于人性假设的高管行为驱动分析

传统研究中，经济学以"经济人"为人性假设基础，认为高管行为的动机是为了追求个人利益最大化；而管理学以"社会人"为人性假设基础，认为除了经济动机外，高管还追求满足自我实现和社会尊重的心理需要。基于人性假设的高管行为驱动如图 3-2 所示。

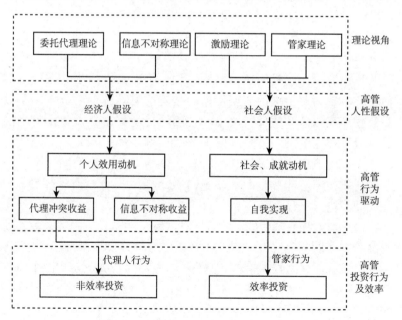

图 3-2　基于人性假设的高管投资行为

1. 基于"经济人"假设的高管行为动机：委托代理理论和信息不对称理论的解释

现代公司制是企业组织形态发展到一定阶段的必然产物，弥补了自然人企业囿于规模和自身能力的缺陷，实现了企业扩张式发展。但是公司制的建立导致企业所有权与经营权的分离，产生委托代理问题。作为代理方的高管，其效用函数与委托方不一致，存在着委托代理冲突，因此，掌握着企业的特定控制权和剩余控制权的高管利用与委托方之间不对称的信息，在企业经营决策中采取谋求控制权私有收益的行为就不可避免。

（1）委托代理冲突下的控制权收益。现代公司制的两权分离，使得企业委托代理冲突的产生成为必然。遵循完全契约理论，委托代理理论认为委托方（所有者）与代理方（经营者）通过签订完全的契约来确立委托代理关系，并对履约期内的所有可能发生事项明确其责权利的分配，以及争议的解决机制进行界定，因此委托代理理论认为，委托代理契约实现的关键在于设计条款对代理方的付出进行合理定价，激励和约束代理方，减少其利己主义所带来的道德风险和逆向选择问题，规避风险，减少交易成本。在这一理论框架下，公司治理的主要作用就是建立有效的激励契约，激励高管按照股东的利益进行决策和行为。对高管既有直接定价功能具有激励作用的契约就是高管的薪酬契约。由于不完美契约的存在，企业经营中未明确事项的存在，使得薪酬契约不能完全对高管的付出进行界定和衡量，不能有效地激励高管，因此产生了委托代理问题。

由于与委托方利益的不一致，且薪酬契约激励机制的失效，使得高管有动机运用权力寻租，在企业经营中追逐控制权私有收益，减损企业价值。高管利用权力追求私有收益的行为也在实践中得到印证（Jensen，1993；Bebchuk et al.，2002；张洽、袁天荣，2013）。高管利用控制权影响或者俘获董事会（Yermack，1997），通过更改薪酬契约，如提高薪酬水平（Beaty and Zajac，1994；

Finkelstein and Boyd, 1998；张长征、李怀祖, 2008；窦鹏, 2011）、降低薪酬—绩效敏感性（Thompson, 1967；Tosi and Hinkin, 1987；Gerhart and Milkovich, 1990；张三保, 2012）等来增加货币性私有收益。除了利用控制权直接对货币薪酬的追求，通过伪装的方式获得另外的货币性补偿也是高管的控制权选择，如在职消费（Jensen and Meckling, 1976；王克敏、王志超, 2007；卢锐等, 2008）。基于提升个人身份和地位（Stulz, 1990）、增加人力成本价值（Hart, 1995；Narayanan, 1998）和职业安全（Shleifer and Vishny, 1989；Baker, 2000；Bebchuk, 2001）等动机，高管可能会利用控制权选择过度投资、投资不足等非效率的投资行为，增加私有收益（Jensen, 1986；Stein, 2001；郝颖、刘星, 2009）。

（2）信息不对称下的控制权收益。不对称信息源自阿克洛夫（1970）对二手车市场的研究，主要指签约一方比另一方拥有更多的信息，签约前的信息不对称会导致"逆向选择"问题，签约后的信息不对称会引发"道德风险"问题。

由于委托代理关系的存在，发生在企业的信息非对称性主要集中在两个方面：一是公司所有者（股东）与经营者（高管）之间的信息不对称；二是公司外部人（中小股东与债权人）与内部人（管理者）之间的信息不对称。与公司所有者、外部人相比，高管拥有绝对的信息优势，这为其在企业经营决策中利用控制权追逐私人收益提供了便利。一方面，高管会利用不对称信息，在契约签订之前，隐瞒真实信息甚至提供"肮脏信息"，引导或者误导公司所有者和外部人做出不利于自身但有利于高管的企业投资决策，实现高管的控制权私人收益，引发逆向选择问题。另一方面，在契约签订以后，由于信息不对称，高管的行为很难被所有者、外部人完全监测，因此，高管利用控制权采取不利于所有者、外部人的非效率投资，追逐私人收益最大化的败德行为随之发生。总之，高管与企业所有者、外部人之间的信息不对称，为高管攫取控制权私人收益提供了基础，而且信息不对称程度越高，越有利于高管控制权私人收益的最大化；反之亦成立。

2. 基于"社会人"假设的高管行为动机：激励理论与管家理论的解释

行为科学运用心理学、社会学、社会人类学等其他学科知识，研究人性的假设以及影响个体行为的各种心理因素。人的需要决定动机，动机是驱动人采取某种行为的内部原因，目标是人的行为要达到的结果。研究高管的权力行为，首先要明确高管的需要和动机。激励理论是行为科学中关于人的需要、动机、目标与行为四者之间关系的理论，激励的核心就是通过动机改变人的行为，最具有代表性的理论有马斯洛的需要层次理论和麦克利兰的成就激励理论。

马斯洛（Maslow，1943）的需要层次理论将人类的需要划分为五个层级，即生理的需要、安全的需要、情感的需要、尊重的需要和自我实现的需要。五个层级的需要由低到高有序排列，只有满足了低层级的需要后，高一层级的需要才会成为新的激励因素，已满足的低层级需要不再是激励因素。因此，在研究高管的权力行为时，要充分考虑高管动机，特别是触发其行为动机的需要。那些经验丰富、社会地位高、声誉良好的高管已经获得了较高的货币性薪酬，满足了低层级的需要，更高层级的自我实现的需要成为激励因素。同样，根据麦克利兰的成就激励理论，人有对成就、权力和亲和的三种高级需要，这三种高级需要对高管来说是非常有效的激励因素。除了薪酬契约激励以外，成就作为一种新的、高层级的需要，成为高管行为新的内在驱动力，是企业高层管理者的重要的激励因素。乌尔里克等（Ulrike et al.，2009）对过去 20 年美国高级经理人市场的研究发现，"超级明星"式的高管会带来市场份额的提升和激增的收入，吸引公众的注意力。

管家理论以人性假设为出发点，证实了对高管成就动机的激励。戴维斯、肖尔曼和唐纳森（Davis, Schoorman and Donaldson, 1997）创造性地提出并完善了管家理论框架，将新的人性假设——

"社会人"假设应用于高管行为研究中，认为高管行为不是受"经济人"的自利动机驱动，而是受集体利益的动机驱动，恪尽职守履行"管家"职责，实现组织利益最大化，同时实现个人利益及获得满足。管家理论从与代理理论相对立的人性假设出发，揭示了高管的另一种角色以及与委托人的另一种关系，扩展了公司治理研究的视角和思路。管家理论认为高管受成就动机的激励，通过处理不确定环境的问题，承担责任，树立权威，提高声誉，获得自我价值实现的满足感，这是一种区别于薪酬激励的非物质激励。因此，管家理论认为高管不是经济学中的功利主义者，对自身尊严、自我价值实现等社会动机和成就动机的追求，使他们成为兢兢业业、具有高度组织承诺的"管家"，其行为表现出集体主义倾向，会努力经营公司，以实现组织目标为己任。

综上所述，高管的"经济人"假设和"社会人"假设是一个硬币的两面，反映了高管人性的复杂，没法将两者完全割裂开来。而融合了代理理论、管家理论的高管双重人性假设，与麦格雷戈（McGregor，1960）的 X – Y 理论对人性的阐释不谋而合。X 理论与代理理论的"经济人"假设相一致，认为高管是精致的利己主义者，为了个人利益最大化而工作，需要对其行为进行激励约束；Y 理论则认为高管为了社会认同和成就动机，愿意为实现集体目标而努力工作，管家理论与 Y 理论对人性的假设是一致的。

3.1.4　基于人性假设的高管投资行为

以经济学为理论基础的代理理论认为人是理性的"经济人"，由于委托代理冲突和信息不对称的存在，高管追求个人利益最大化，倾向于自我服务，因此，高管在企业经营决策中表现出代理人行为，即为攫取私利采取损害股东利益的非效率的投资行为。管家理论以社会学、心理学等为理论基础，认为人是"社会人"，高管对社会地位、权威、个人价值实现等社会动机和成就动机的追求，使得其成为企业恪尽职守的"管家"，倾向于为集体服务，以组织利益最大化为目标，在企业投资决策中进行效率投资。托西等（2003）通过对管理者单一行为选择的文献进行梳理，发现了管理者存在两种行为倾向：一种是"代理人"行为倾向，如利己的会计处理方法、非效率的投资方案、并购成本的转嫁、对内外部监督的防范等；另一种是"管家"行为倾向，如以组织绩效最大化为目的的企业多元化、两职兼任等。

1. 非效率投资行为：基于高管"经济人"假设的代理人行为

根据委托代理的框架，管理者与股东目标利益函数的不一致，管理者作为"经济人"出于自利动机，选择损害股东价值的非效率投资方案成为一种理性选择。高管自利动机下的非效率投资行为选择，可以从以下三方面进行解释。

（1）高管积极进取的过度投资行为。高管采取积极进取的过度投资行为可以从自由现金流和"帝国建造"的角度进行解释。詹森（1986）首先提出，"自由现金流"的概念，并指出，出于对现金资源控制权的争夺，高管会减少向股东发放现金股利，利用自由现金流扩大企业规模，导致过度投资的发生。理查森（2006）从实证角度证实，过度投资问题多发生在自由现金流比较充裕的企业中。沃格特（1994）检验发现，过度投资产生的原因是高管对自由现金流的滥用所致。采用 1997 年前东亚 8 个新兴市场经济国家中的企业数据，同样检验证实了以上的结论，即过度投资是由高管滥用自由现金流引起的（Wei and Zhang, 2008）。同时，由于委托代理冲突的存在，出于个人自利动机，为了掌控更多的资源（Jensen, 1986）、提升个人声誉（Stulz, 1990）、提高个人人力资本价值（Shleifer and Vishny, 1989），高管倾向于"帝国建造"的过度投资行为（Hart, 1995）。施莱弗和维什尼（1989）检验发现，企业规模与管理者收益正相关，因此，高管有扩大企业规模、进行"帝国建造"的动机。

（2）高管消极防御的非效率投资行为。高管出于消极防御目的所进行的非效率投资有过度投资和投资不足两种情况。莫克等

（Morck et al.，1988）提出的管理防御理论认为，为了维持高管自身的地位和利益，高管选择将资本配置在自己擅长的项目，以达到防御风险的目的。这种防御行为，可能会引致高管擅长项目的过度投资；同时放弃一些 NPV > 0 但是高管不擅长的项目，可能会导致投资不足。施莱弗和维什尼（1989）认为，高管为了彰显其人力资本价值和管理技能，更倾向于多元化的过度投资行为。为了维持和稳固其在企业中的地位，出于留任目的，高管可能更倾向于长期投资项目（Neo and Rebello，1997）；或者继续维持、不清退那些经营绩效差的项目（Barker，2000），从而导致投资不足的发生。

（3）管理者机会主义的非效率投资行为。出于自利动机，高管在选择项目投资时，会优先权衡投资的私人收益与私人成本（包括承担的风险、个人付出）的大小，而不是考虑项目的 NPV 指标。当投资私人收益大于私人成本时，高管会利用权力选择进行过度投资；当投资私人收益小于私人成本时，即使项目 NPV > 0，高管也会选择放弃该项目投资，导致投资不足。出于增加人力资本价值、提高声誉的考量，高管可能会以牺牲股东利益为代价，偏好提升企业短期绩效的投资项目，从而导致投资不足（Narayanan，1988；Bedchunk，2001）；或者投资时不追求风险大、前瞻性的投资项目，而是采取从众的投资行为，导致投资不足（Scharfstein and Stein，1990）；或者取悦市场、投资市场推崇的项目，盲目过度投资（Bebchuk and Stole，1993；Bebchuk，2001）。

2. 效率投资行为：基于高管"社会人"假设的管家行为

为了减少高管代理人行为的交易成本，代理理论设置了一系列针对高管的激励约束机制，如引入独立董事、股权激励、监事会等，但是在实践中，激励约束效果并不显著，高管的道德风险、逆向选择问题仍频繁发生。越来越多的学者认识到，单纯将高管看作代理人，放在所有者对立的角度去激励约束，存在片面性。管家理论认识到组织中人性的复杂，高管作为"社会人"，有社会和成就的动机，需要精神激励，这种对自我实现的追求使得高管在企业投资中表现出管家行为，即按照企业价值最大化的原则进行有效率的投资。

托西等（2003）研究发现，基于高管"经济人"假设，在企业投资决策中，高管表现出利己的代理人行为倾向，容易导致其选择次优投资方案，造成非效率投资；基于高管"社会人"假设，高管行为出现利他的管家倾向时，企业投资易选择最优方案，实现效率投资。

3.1.5 高管权力、角色定位与行为选择

代理理论从理性"经济人"假设出发，认为高管出于自利动机，追求个人收益最大化，倾向于以牺牲股东利益为代价的代理人行为。管家理论则从"社会人"假设出发，认为高管有社会、成就需要，追求自我实现，倾向于与委托人利益一致的管家行为。从代理理论和管家理论的逻辑可以得出，两种理论都是站在企业所有者的角度来定位高管的角色，把高管定位于企业代理人或者管家，二者只能选其一。这两种理论在解释高管行为时，存在以下缺陷：一是对高管人性假设的单一化认知；二是研究高管的角色定位时，忽视了高管的自选择行为。

代理理论或管家理论在对高管人性假设的认知上均存在片面化倾向，没有认识到组织中高管的人性假设是复杂的，既有经济人履行代理人职能的一面，又有社会人履行管家职能的一面，因而由此设计出的公司治理机制（如完全的激励约束机制或者完全授权机制等）并不能解决具有复杂行为倾向的高管行为问题。权变理论虽然认识到单一的"经济人"或者"社会人"假设是片面的，但是仍将高管人性假设局限于极端模式，非此即彼，高管角色随组织环境变化而变化，今天的代理人可能就是明天的管家，也是极端和片面的。因此，本书认为现实中高管人性是复杂的，具有"经济人"和"社会人"双重属性，可能既是代理人又是管家，介于完全的代理人和完全的管家两个极端之间（Donaldson，1990），行为表现出代

理人和管家双重倾向。

另外，在所有者与高管的关系中，除了从所有者的角度定位高管的角色外，高管也会自己选择角色，建立与所有者的关系。高管可能会选择代理人角色，与所有者建立代理人关系，在企业经营决策中履行代理职能；也可能选择管家角色，与所有者建立管家关系，在企业经营决策中履行管家职能。戴维斯等（Davis et al.，1997）首先提出了一个基于高管心理因素和组织情境因素的高管角色自选择的分析框架。延续其研究，张辉华等（2005）认为，影响高管角色自选择的因素有两类：一类是心理因素，包括需求水平、权力动机、身份认同感和组织承诺；另一类是组织情境因素，包括管理哲学、文化背景和权力距离。王明琳和陈凌（2013）等研究了家族企业中家族的角色选择，发现家族选择做企业股东的代理人还是管家，主要取决于家族嵌入企业过程中形成的基于认知、关系和权力所形成的"家族治理情境"。

根据戴维斯等（1997）、张辉华等（2005）、王明琳和陈凌（2013）的研究，高管权力的类型及动机影响高管角色的自选择。高管的权力分为正式权力和非正式权力，正式权力是所有者和组织等安排的权力，与高管的职位密切相关，随着职位的变迁而变化，如所有权权力、组织权权力等；非正式权力是由高管个人特性决定的、与高管职位不相关的权力，包括专家权力和声誉权力。高管权力动机是影响别人达成高管自身目标的驱动力。高管的权力动机分为两类，个人化权力动机和社会化权力动机。个人化权力动机是指高管在企业经营决策中追求个人私利、私誉等个人效应最大化。社会化权力动机是指高管在企业经营决策中用自己的知识、信息、经验、魅力等影响别人，提升企业价值，实现社会认可和个人成就。倾向于使用正式权力（所有权权力、组织权权力）的高管，较少通过自己的个人能力影响企业经营决策，因而出于个人化的权力动机，追求个人效用最大化，在定位自己的角色时，更容易将自己看作代理人，与所有者的关系以代理关系占主导地位，高管行为表现为以牺牲股东利益为代价的利己主义行为；那些更倾向于通过个人能力权力来影响组织成员和决策的高管，出于社会化的权力动机，致力于追逐社会成就的实现，更有可能自我定位为管家，选择与所有者建立管家关系，高管行为变现为与委托人利益一致的利他行为（张辉华等，2005）。关于高管权力与高管角色的自定位、与所有者之间的关系以及引致的高管行为如表 3 - 1 所示。

表 3 - 1   高管权力维度下的行为选择比较

	正式权力：所有权权力、组织权力	非正式权力：个人能力权力
理论基础	委托代理理论、公司治理理论	人力资本理论、资源基础理论
权力动机	个人效用动机	社会和成就动机
角色定位	代理人	管家
与所有者关系	代理关系占主导地位	管家关系占主导地位
行为选择	利己主义行为	利他主义行为

3.1.6 高管权力与投资效率逻辑模型

基于前五部分内容的分析，本书构建了高管权力与投资效率的逻辑关系框架（见图 3 - 3）。

（1）对高管权力三个维度的划分。从契约观角度出发，企业的控制权应该完全归所有者所有，包括特定控制权和剩余控制权。由于委托代理关系的存在，受托于股东行使剩余控制权的董事会可能会把其拥有的剩余控制权部分转移至高管手中，使高管拥有特定控制权的同时，也拥有部分剩余控制权，扩大了高管的权力。高管权力包括正式权力与非正式权力，正式权力是企业所有权结构以及科层组织法定赋予高管的权力，非正式权力是基于高管个人能力所形成的权力。所有权权力是基于企业股权结构安排的权力，体现了企业控制权配置，是一切权力的源泉，影响甚至制约着企业治理结构的状况。组织权权力是科层组织赋予的法定权力，受企业治理结构的影响和制约。高管个人的知识、信息优势以及由此形成的声誉、威望、个人"明星"形象等，体现了高管的个人能力水平，塑造了高管的个人影响力，形成了高管的个人能力权力。同时高管通过处理复杂环境、非程序化任务的行动，增强其个人能力权力，从而赢得与董事会谈判的筹码，帮助其博取更大的组织权权力。

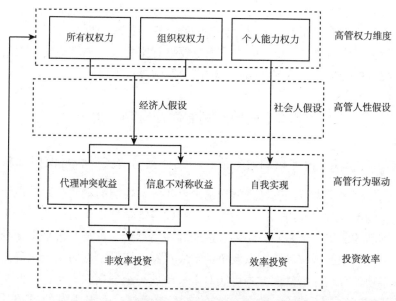

图3-3　高管权力与投资效率逻辑关系框架

（2）从企业家的人性假设入手，分析高管的行为驱动因素，以及带来的经济后果。企业是组织中的成员，是一个"经济人"，由于委托代理冲突和信息不对称的存在，高管会利用所有权安排以及科层组织所赋予的所有权权力、组织权权力，追求个人利益最大化，在企业投资中表现出代理行为，可能进行牺牲股东利益的非效率投资。而激励理论、管家理论以"社会人"为人性基础，认为除了经济动机外，企业家更有社会、成就动机的需要，追求自我实现，因此，高管在投资中表现出管家行为，往往倾向于进行组织目标最大化的效率投资，同时达成个人目标。

（3）高管并不是被动地由所有者定位其角色，高管的权力类型与权力动机不同，其角色定位的自选择也是不同的。倾向于使用正式权力的高管，其对个人效应动机的追求使其更易选择代理人角色，与所有者的关系中，代理关系占主导地位，在企业投资中往往采取利己的非效率投资行为。倾向于通过个人能力权力来影响组织成员和决策的高管，其对社会和成就动机的追求，更有可能自我定位为管家角色，与所有者的关系主要以管家关系占主导地位，投资决策中会选择与股东利益一致的高效率的投资项目。

3.2　内部控制的治理机制分析

3.2.1　内部控制的本质：不完全契约的实现和再谈判机制

许多学者从制度经济学理论中寻找内部控制的本质，围绕组织契约展开对企业内部控制的研究。制度经济学理论认为企业是一系列契约的组合，是利益相关者达成的一组承诺，承诺在未来事项处理过程中的责权利分配以及争端解决机制的安排。然而由于未确定事项的存在，缔约双方不可能对未来事项完全预期和界定，因此签订的契约是不完全、存在缺陷的，不能涵盖对未来所有的事项处置。对未确定事项的处置权形成了企业剩余控制权。拥有企业剩余控制权的一方，由于个人理性、信息不对称及环境的不确定等因素，在处置未确定事项时，可能采取利己的经营决策行为，损害企业价值，因此对企业剩余控制权的配置及监督制约机制非常重要。在这种背景下，内部控制作为协调利益相关者关系的一种治理机制和制度安排应运而生。正如刘明辉、张宜霞（2002）和周继军（2011）指出的，内部控制是为了弥补契约的不完全性的一种控制机制和制度安排，旨在降低企业内部交易成本和实现资源的有效配置。内部控制通过在企业内部各主体间配置权力，形成一个相互约束和制衡的控制系统（林钟高等，2009）。

从本质上讲，作为企业免疫系统的内部控制是企业契约的一种实现与再谈判机制，是为协调利益相关者的利益关系和实现组织目标，在企业内部合理配置权力、激励约束相关方的一种制度安排和控制机制。

3.2.2　内部控制的要素及其治理

自 2001 年财政部颁布第一个纲领性文件《内部会计控制规范——基本规范（试行）》开始，借鉴 1992 年 COSO 的内部控制整体框架，逐步形成了基于我国实践的以"CSOX 法案"为核心的内部控制规范体系。与 COSO 内部控制框架一致，《内部控制基本规范》明确指出，内部控制由内部控制环境、风险评估、控制活动、信息与沟通以及监督五个主要要素构成。内部控制五要素的质量决定公司内部控制整体有效性的水平，影响内部控制治理机制作用的发挥，因此有必要对五要素的含义及其治理机制进行深入分析。

1. 控制环境

公司内部控制环境是内部控制所处的背景和氛围，是内部控制治理机制发挥作用的前提和保障，其中主要包括公司治理结构、组织机构等的设置及管理哲学、企业文化以及工作环境等内容。正如 COSO 报告指出的，公司环境或财务报告编制文化是影响财务报告真实性的重要因素。公司的经营决策及效率在一定程度上依靠管理者的意识及道德操守，在更大程度上取决于控制环境的好坏，控制环境就是建立完善的制度背景和氛围去约束人的行为。在进行投资决策时，良好的控制环境会及时发现高管的非效率投资决策意图及行为，防患于未然，用制度进行牵制，将高管利用自由裁量权异化投资的行为扼杀在萌芽状态。其中，通过公司董事会、监事会、审计委员化的设立，组织权责的合理安排，建立良好的企业文化等具体措施限制执行者滥用权力，是监督抑制非效率投资行为的"机器"。

2. 风险评估

风险评估是对企业风险（包括经营风险和财务风险）进行目标

设定、识别、分析及应对的系统，通过该系统对风险的控制实现组织目标。良好的风险评估系统能够有效地预警风险，降低收益的不确定性，起到保证组织经营稳定的作用。由于委托代理的存在，作为理性经济人的高管可能出于业绩考核的考量，利用与股东信息的不对称，降低风险评估标准，投资于风险大收益大的项目，从而获得更高的薪酬而将失败的风险转嫁于股东，损害股东利益。因此，制订合理的风险评估标准，能够有效防范高管利用自由裁量权和不对称的信息进行风险偏好的投资行为，避免非效率投资的发生。

3. 控制活动

控制活动是为了防范和控制风险而制定的各种经营管理政策和业务工作流程，主要包括不相容职务分离、业务授权审批、凭证与记录控制、财产保护、预算控制及绩效考核等。控制活动是根据风险评估结果得出的指令，是内部控制制度发挥作用的具体举措，因此，控制活动在组织目标实现中起着关键性作用。控制活动应贯穿于企业的各个层次，每个部门都应参与控制活动的设计、执行并完善改进。对投资来说，公司评估出投资的风险，针对风险点制定相应的经营管理政策和业务工作流程等应对措施，从而建立规避投资风险的有效路径，保障公司投资的顺利进行，提高投资效率。

4. 信息与沟通

信息与沟通是指企业能够及时准确地识别、获取和传递企业内部经营数据以及外部环境的信息，并确保公司内部各层级之间、各部门之间以及企业与外部利益相关者之间能够进行有效沟通。首先，良好的信息与沟通可以使所有者及时获得与投资项目相关的更详尽的信息，降低了管理者出于自利目的隐瞒投资项目信息及其风险的可能，抑制了高管的意愿性非效率投资行为的发生。其次，如果与外部市场的信息与沟通存在问题，管理者很难从外部环境中及时获取投资决策所需的完备资料，这往往是导致管理者操作性非效率投资的原因之一。反之，如果公司的信息与沟通质量较高，管理者就能够获得可靠的信息并做出正确的投资决策，降低了管理者操作性非效率投资发生的可能性。最后，良好的信息与沟通使高管的机会主义行为很容易被外部资本市场识别，将大大增加管理者投资行为的违约成本，从而减少非效率投资，实现组织目标。

5. 监督

监督是对公司内部控制制度落地的跟踪、评价和反馈，保证内部控制目标的实现和优化内部控制制度，一般由公司内部专门部门来执行。我国企业设立的内部监督部门主要有董事会、监事会和审计委员会。有效的内部监督机制能够在内部利益相关者之间形成有效的制衡，监督制约各利益相关方的行为，尤其是掌握企业特定控制权和剩余控制权的高管行为，抑制其损害组织利益的自利行为发生，提高企业经营效率和效果。对企业投资来说，内部监督能形成对企业管理者投资决策的管理和牵制，增加了高管违约的机会成本，降低了管理者滥用权力异化投资决策的可能，提高投资效率。同时，内部控制中的监督机制降低了企业的整体监督成本，促使企业有更多资源投入到激励机制中，能更好地激励管理者，降低管理者投资决策中的道德风险和逆向选择的发生。

3.2.3 内部控制影响高管权力与投资效率关系的作用机理

1. 内部控制、委托代理冲突与投资效率

内部控制环境是内部控制机制治理作用发挥的前提和保证。高水平的控制环境能够建立完善的内部控制结构、科学设置组织结构、合理配置权责、建立良好的企业文化等，在一定程度上缓解高管与所有者之间的代理冲突，抑制了高管滥用权力进行非效率投资的代理行为。换言之，良好的内部控制环境使掌握较大自由裁量权的高管很难有机会进行明显的非效率投资，从而了提高公司投资效率（Litvak，2007）。因此，内部控制环境的设置影响高管权力的使用，进而影响了企业的投资效率。

风险评估、控制活动和监督三个要素，能够增强内部控制的监督机制，减少代理成本，缓解高管与所有者之间的委托代理冲突。

风险评估系统能够辨认可能发生的内外部风险，并预警和防范风险，从而减少高管利己的非效率投资行为发生的机会，提高投资效率，减少管理层代理成本，实现控制目标。控制活动的有效设计，如不相容职务的分离、授权审批程序、财产保护制度等，在一定程度上限制了经营者的权限，能够抑制企业高管为了自身利益而做出背离企业利益的投资行为，减少管理者代理成本。监督则更全面地降低了高管（经营者）作出损害股东利益的投资决策的可能性。我国企业通过设立的监事会、独立董事和审计委员会等，形成对高管行为的日常监督和制约，增加其违约的机会成本，抑制高管权力异化投资行为的发生，提高投资效率。

2. 内部控制、信息不对称与投资效率

企业内外部的不对称信息，为信息优势方的机会主义行为提供了摇篮。内部控制作为企业免疫系统，其信息传递机制在企业内部和外部同时发挥作用，降低了各利益相关方的信息不对称程度，抑制信息优势方道德风险、逆向选择的发生。

在组织内部，信息不对称主要体现在某个组织成员比其他组织成员拥有更多的企业经营相关信息。组织内部信息最富集的一方主要是企业经营者，也就是高管。良好的内部控制通过信息沟通，使信息在组织内部充分配置，组织成员能够及时、准确地获得相关投资信息，了解更多信息，做出最优的投资决策，减少了高管投资决策中逆向选择的可能性，提高投资效率。同时，良好的内部沟通也可以使其他组织成员更好地监控投资实施过程中的高管行为，抑制其道德风险问题的发生。正如邬锟（2005）指出的，作为一种保障机制，内部控制通过良好的信息沟通机制，降低了组织成员间的信息不对称，减少了科层组织的无序性、随机性、自由度，增加了组织的有序性、约束性和组织性。

在组织外部，内部控制通过信号传递机制减少内外部信息的不对称程度，降低信息富集方高管的机会主义行为，提高投资效率。内控自评报告和内控审计报告是评价内部控制质量的重要指标，作为一种良性信号，传递到企业外部资本市场中，能增强企业股东、债权人对高管的信任和投资信心，降低融资成本，减少由于融资约束引致的投资不足，提高投资效率。另外，高质量内部控制和外部审计存在一定的替代效应（杨德明等，2009），内部控制能够通过更直接、低成本的方式提高财务报告质量（魏明海等，2007）。高质量的内部控制能够提高企业披露信息的真实性，避免"肮脏信息"的误导，从而阻止高管利己的非效率投资决策，引导股东、债权人等做出正确的投资选择，提高投资效率。

3. 内部控制、管家行为、投资效率

良好的内部控制有助于企业投资中高管管家行为的实现，抑制高管操作性、非意愿性、非效率投资行为（方红星、金玉娜，2013）。在内部控制中，对投资决策影响最大的就是风险评估机制。风险评估机制通过有效的风险识别、分析和应对，提高高管对企业投资项目风险的掌控，降低高管管家行为中投资决策的操作性失误，提高企业投资效率。

同时，内部控制环境、控制活动、信息沟通和内部监督机制，也有助于更好地保障中层、基层组织成员按照权限参与投资决策，监督约束其实施行为，增强高管在企业投资中的管家行为，降低操作性失误，提高投资效率。

3.3 基于制度环境的外部治理机制分析

根据新制度经济学观点，企业内部契约内生于外部制度环境（Coase，1937）。因此，企业外部制度环境因素影响并塑造企业内部契约的安排。与西方成熟的市场制度环境不同，中国上市公司目前面临的最基本的制度环境就是政府监管、区域经济环境和资本市场环境。基于此，本书将从外部制度环境的视角考察对企业内部契约安排——高管权力与企业投资效率关系的影响。

3.3.1 政府监管的治理机制

古典经济学强调市场是配置资源的唯一正确的方式，是市场经济运行中"看不见的手"，政府在经济中扮演着"守夜人"的角色。然而，实践证明市场是不完美的，存在摩擦。越来越多的学者认识到，政府干预能实现充分就业、避免市场失灵，解决自然垄断、信息不对称和外部性问题，是对不完美市场的补充。从企业微观层面看，政府干预有助于公司资源的整合、维护和配置（Maurer，1988）。

政府干预对企业投资行为及效率的影响存在着"攫取之手"和"帮助之手"两种效应。前者是指为了增加财政收入、提高就业率、维持社会稳定等政治目标，政府可能通过干预企业的投资决策，选择有利于其政治目标实现的次优投资项目，导致非效率的投资，损害股东利益和企业价值。后者表现为，政府为了实现经济的健康持续增长，在企业内部积极激励约束高管行为（钟海燕等，2010），并矫正企业在市场经济中的短视行为，提高投资效率。

政府干预在企业投资中是发挥"攫取之手"还是"帮助之手"的效用，是与我国企业产权性质和随着我国国有企业改革的进程变化而变化的。我国企业按照产权性质分为国有企业和非国有企业，目前国有企业是上市公司的主导力量。对于非国有制企业，政府干预还是以政策主导为主，并没有参与企业内部的经营决策，因此政府对非国有制企业投资的影响是间接的。对于国有企业来说，政府对企业管理的模式是与国有企业改革的进程密切相关的。我国的国有企业改革经历了四个阶段：1979～1983 年的"放权让利"；1984～1987 年的"利改税"和"拨改贷"；1987～1992 年的"承包制"；1992 年至今的"公司化"。国有企业改革的进程实质上体现了企业控制权由政府逐渐下放到高管的过程。前两个阶段的改革使得政府将企业经营的权力部分下放到高管手中。到第三个阶段开始才实现企业所有权与经营权的分离，高管获得了自由经营企业的权力（Sun and Tong，2003），但企业的实际控制权仍掌握在政府手

中，政府对企业管理的模式以干预为主。到第四个阶段后期，高管
获得了实际上的企业控制权，政府对企业的管理模式以监管为主。

前三个阶段中，由于政府对企业超强的控制权，政府干预可能
将其多元化的政治目标内化到企业投资行为中，发挥"攫取之手"
的作用，降低企业投资效率，损害股东和企业价值（夏立军、方轶
强，2005；高雷等，2006；陈信元、黄俊，2007；潘红波等，
2008）。随着控制权下放到高管手中，在"所有权虚置"的情况
下，高管对控制权私有收益的追求往往导致企业非效率投资（辛清
泉等，2007）。此时，政府干预发挥"帮助之手"的作用，政府对
所辖国有企业的保护效应凸显。对企业非效率投资的治理路径如
下：第一，政府官员出于晋升的考虑，有责任和动机加强对辖区企
业的监管，抑制高管权力异化投资的行为，进行效率投资，维护企
业健康持续发展；第二，在我国资本市场中的投资者保护机制尚不
完善时，政府监督可以作为公司治理机制失效的替代机制（钟海燕
等，2010），防止随着政府监督减弱，不受约束的高管滥用权力进
行自利动机的非效率投资。政府干预在抑制高管权力滥用引致的非
效率投资中的"帮助之手"效应已经逐步在实践中得到检验（钟
海燕等，2010；白俊、连立帅，2014；贺琛等，2015）。

3.3.2　市场环境的治理机制

市场环境是指企业生产经营所面临的各种客观条件，是一系列
经济、政治、法律和社会等的影响因素的集合。关于市场环境的具
体内容，由于研究方向不同，学者没有达成一致意见。目前得到广
泛认可的是樊纲、王小鲁等的观点，他们认为市场环境是指企业市
场化的发展，主要包括五个方面的要素：一是政府与市场的关系；
二是非国有经济的发展；三是产品市场的发育程度；四是要素市场
的发育程度；五是市场中介组织的发育水平和法制环境。据此，本
书所指市场环境主要指对企业投资影响较大的市场因素，具体包括
政府对市场经济的干预状况、市场竞争状况（包括产品市场竞争和

要素市场竞争）与法律环境（对投资者的保护状况）这三个方面的要素。实践证明，中国的市场化改革有利于强化增强高管激励强度、缓解代理问题（辛清泉和谭伟强，2009）以及提高企业资本配置效率（Groves et al. , 1994；1995）。

首先，随着市场化改革的进程，政府对市场经济的干预越来越少，市场透明度加强，催化了对高管的激励、约束效应。一方面，政府对市场经济的干预减少、放权让利，高管掌握了更大的权力，从而极大地调动了管理者的积极性，更易激励作为"社会人"的高管发挥"管家"作用，做出最优投资决策，增加企业价值。另一方面，随着政府干预的减少，资源配置信息的公开，减少了高管与股东、外部投资者的信息不对称，形成对高管权力的约束机制，防止高管离开政府干预后，滥用权力，进行非效率投资，损害企业价值。

其次，从市场竞争程度的角度，区域市场中市场竞争程度越强，对高管权力的制约力越大。关于市场竞争对高管权力及行为的治理机制，费和哈德洛克（2000）总结性地提出三种假说（即信息假说、管理技术假说和清算威胁假说）进行解释。信息假说认为，激烈的市场竞争环境会提供更加透明、真实的企业经营信息，有利于增强对高管权力的监督，抑制其滥用职权的非效率投资行为。支持管理技术假说的学者认为，市场竞争程度不同，高管的能力对企业绩效的影响存在较大差异。换言之，在充分竞争的行业中，高管的能力和努力水平更容易体现出来，更利于高管管家行为的实现，提高企业效率。清算威胁假说则认为，激烈的市场竞争环境更容易使经营绩效差的企业面临破产、清算的窘况，因而，高管权力异化投资的行为更容易导致高管的"劣汰"，从而约束高管行为，抑制非效率投资的发生。

最后，良好的法律环境是有效的外部治理机制，能够约束企业高管权力行为，保护外部投资者的利益（La Porta et al. , 1998）。事实上法律环境对高管权力的治理作用可以通过立法和执法两个方面体现出来。从立法角度来看，完善的法律体系可以有效识别高管的滥用权力行为，且面临诉讼的风险和明确具体的处罚性措施起到强烈的震慑作用，能够有效约束高管的非效率投资行为。从执法的角度来看，法律的执行水平高，那么绩效差、发生自利行为的 CEO 更容易被解聘，从而影响其声誉，损害其人力资本价值（Chen et al.，2005）。因此，严格执法更容易制约高管滥用权力的非效率投资行为。

3.3.3 资本市场环境：机构投资者的治理机制

根据利益相关者理论，各利益相关者的利益与企业经营绩效紧密关联，因此，利益相关者会参与或影响公司的治理。作为资本市场的主要力量，机构投资者对公司投资行为及效率的治理途径有两条：一是通过参与公司内部经营（内部治理）来直接影响投资决策；二是通过公司控制权市场（外部治理）来间接影响投资决策。

机构投资者影响投资决策的内部治理机制主要是通过积极参与股东大会、董事会选聘等来实现。机构投资者可以发挥积极股东作用，通过参加股东大会直接参与重大投资决策，并利用自身的信息、资本等优势发表投资意见，提高投资效率。此外，机构投资者可以通过在股东大会上推选董事会人选，选聘信任、有能力的董事会成员，直接参与企业的经营决策，减少与企业经营者之间的信息不对称程度，有效监督高管权力下的投资行为，从而提高投资效率。

机构投资者影响投资决策的外部治理机制还可以通过对企业控制权市场的治理来实现。对控制权市场的治理主要通过股价机制和控制权市场机制发挥作用。股价机制是指机构投资者通过对股价的分析来评价企业经营绩效和状况，从而决定购买或者出售股票，进而引起高管的更换，约束高管努力工作，抑制其滥用权力的非投资行为。控制权市场机制是指市场对控制权的配置，主要有对控制权的争夺和代理权接管等。对控制权的争夺主要是公司的控制权在不同的股东之间进行重新配置，即不同的股东组成利益集团，选派代表进驻董事会，获得企业控制权，进而实现对高管的监控甚至更换。对企业代理权的接管是指在不发生产权变动的情况下，公司的控制权在股东和高管之间进行重新配置，是对高管更严苛的监管。因此，机构投资者的外部治理机制主要通过控制权争夺和代理权的接管迫使高管努力工作，抑制其代理人行为，提高企业投资效率和经营绩效。

此外，机构投资者还可以通过信号传递机制间接约束高管投资行为。机构投资者作为信息和资源的富集者，其投资行为作为一种良性信号，传递到资本市场，有利于企业从资本市场获得更多的资源。同时，也对企业高管形成一种无形的压力，去保持或者吸引更多机构投资者。

3.4　理论模型

根据高管权力下的企业投资效率研究以及内部控制与制度环境的内外部治理机制分析，建立本书的理论模型（如图3-4所示）。

根植于企业剩余控制权的高管权力可分为正式的权力和非正式的权力。正式的高管权力来源于产权、组织等的安排，包括所有权权力和组织权权力。非正式的高管权力源自高管的专家胜任力和声誉等个人能力，是与高管的职位不相关的权力。倾向于使用正式权力的高管，作为组织中的经济人，更容易将自己定位于企业的"代理人"角色，因此其权力动机表现为对委托代理冲突私有收益和信息不对称私有收益的追逐，使得企业资本配置偏离最优状态，产生非效率的投资。高管的委托代理冲突私有收益产生的根源是两权分离使得拥有剩余控制权的高管不享有对等的剩余收益权。投资风险和损失大部分归高管承担，投资收益则大部分归股东（所有者）所有，产生了股东（所有者）与高管（经营者）之间的利益冲突（Berle and Means，1932），高管进行自利动机的非效率投资是一种理性的必

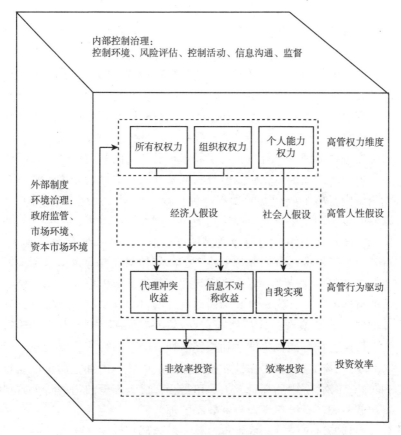

图 3 - 4　本书理论模型

然选择。高管的信息不对称私有收益产生的根源仍然是委托代理冲突的存在，使得高管凭借信息优势，选择利己的非效率投资方案。同时，高管与股东之间的信息不对称使得高管的滥用权力行为很难被监督和制约，加剧了企业非效率投资程度（Biddle and Hilary，2006）。倾向于使用非正式权力的高管主要通过个人能力来影响组织成员和决策，对组织的认同感强，更有可能将自己定位于企业"管家"角色，因此权力动机表现为对自我实现的追求，使得企业实施与组织目标高度一致的效率投资。

内部控制是为了弥补企业契约的不完全性而建立的一种控制机制（刘明辉和张宜霞，2002），该机制通过制度的安排配置企业内部各主体的权力，从而形成一个相互约束和制衡的控制系统，旨在抑制高管的权力寻租行为，降低企业内部交易成本，提高投资效率，实现资本的有效配置。对由于高管与所有者间的委托代理冲突、信息不对称所导致的非效率投资，内部控制主要是通过五个内控要素进行治理的。首先，对于股东与经理层的利益冲突引致的非效率投资，主要通过完善的监督制度来抑制企业经营者为了自身利益而做出背离企业利益的投资行为，减少管理层代理成本。同时，良好的控制环境是企业内部控制治理作用发挥的基础，风险评估和控制活动也为内部控制的治理提供可靠的技术支持和保障。其次，对于信息不对称导致的非效率投资，内部控制主要通过信息和沟通使股东获得更多信息，降低了高管利用信息优势做出非效率投资决策的可能性；良好的信息与沟通使高管的机会主义行为也很容易被外部资本市场识别，从而抑制高管滥用权力进行非效率投资的行为。最后，良好的风险评估和控制活动有助于高管"管家"投资行为的实现，抑制高管操作性非效率投资。因此，内部控制可以监督和制约企业投资中的高管权力寻租行为，成为高管权力的一个监视器和调节阀，有助于企业投资效率的提升。

根据新制度经济学的观点，公司的内部契约内生于外部制度环境（Coase，1937）。因此，外部制度环境对企业内部契约安排——高管权力有着潜移默化的重要影响，在内部人代理问题方面的治理作用就显得尤为突出。与西方成熟的市场制度环境不同，中国上市公司目前面临的最基本的制度环境就是政府干预、差异化的区域经济环境和不完善的资本市场环境。首先，在我国资本市场中的投资者保护机制尚不完善时，政府发挥"帮助之手"的效应，作为公司治理机制失效的替代机制，通过加强对管理层的监督与激励缓解其与所有者之间信息不对称的程度，更好地监督高管权力滥用，进行效率投资决策。其次，我国市场化进程发展不平衡，导致各地区市场竞争状况存在差异，对管理层权力形成的约束力度也不同。市场的竞争主要体现在产品市场和经理人市场（要素市场）。从产品市场来看，激烈的产品竞争压力激励管理者努力提高企业经营效率，约束高管权力的滥用，提高了企业投资效率。经理人市场优胜劣汰的竞争，对企业高管产生无形的监督和约束，经理人会积极发挥"管家"作用，进行效率投资，增加企业价值。最后，机构投资者可以通过两种途径来参与公司治理，防范高管权力异化企业投资行为，一是通过发挥"积极股东"作用，直接参与公司经营决策（内部治理）来影响公司投资行为，二是通过公司控制权市场（外部治理）来间接影响公司投资决策。

第4章　研究假设

4.1　高管权力多维指标体系构建

高管权力的测量有两种方法：选取代理指标测量和感知测量。目前应用较多的是选取代理指标测量。此外，基于多视角的高管权力决定理论，分析可知，决定高管权力的因素有：企业所有权安排、组织结构、高管个人能力等。因此，可以考虑从这三个维度构建囊括高管权力决定因素的代理指标体系，具体包括：所有权权力、组织权权力和个人能力权力。指标体系如表4-1所示。

表4-1　　　　　　　高管权力多维指标体系

所有权权力	股权集中度	施莱弗和维什尼（Shleifer and Vishny），1997；拜伯切克（Bebchuk）2002；王清刚、胡亚君，2011；赵息、张西栓，2013；刘星、汪洋，2014
	股权制衡度	卢锐等，2008；王清刚、胡亚君，2011；徐细雄、刘星，2013；傅颀、汪祥耀，2013；赵息、张西栓，2013；王茂林等，2014；杨兴全等，2014；胡明霞、干道胜，2015
组织权权力	两职合一	哈里森等（Harrison et al.），1988；汉布瑞克和芬克斯坦（Hambrick and Finkestein），1995；钟和普鲁特（Chung and Pruitt），1996；拜伯切克（Bebchuk）2002；格林斯坦和赫里巴尔（Grinstein and Hribar），2004；阿森（Athan），2009；卢锐等，2008；吕长江、赵宇恒，2008；权小峰等，2010；冯（Feng），2011；刘星等，2011；王清刚、胡亚君，2011；孙健、卢闯，2012；赵息、张西栓，2013；冯慧群、马连福，2013；傅颀、汪祥耀，2013；王茂林等，2014；杨兴全等，2014；董红晔、李小荣，2014；郭军、赵息，2015；姚冰湜，2015；胡明霞、干道胜，2015；李胜楠等，2015

续表

组织权权力	董事会规模	莫尔斯（Morse），2011；权小峰等，2010；刘星、代彬、郝颖，2011；刘启亮等，2013；赵息、张西栓，2013；杨兴全等，2014；姚冰湜，2015
	独立董事比例	格林斯坦和赫里巴尔（Grinstein and Hribar），2004；克里希南（Krishnan），2007；吕长江、赵宇恒，2008；权小峰等，2010；孙健、卢闯，2012；刘启亮等，2013
	监事会规模	赵息和许宁宁，2013
个人能力权力	任职年限	卢锐等，2008；吕长江、赵宇恒，2008；权小峰等，2010；刘星等，2011；孙健、卢闯，2012；刘启亮等，2013；徐细雄、刘星，2013；傅颀、汪祥耀，2013；冯慧群、马连福，2013；杨兴全等，2014；董红晔、李小荣，2014；郭军、赵息，2015；胡明霞、干道胜，2015；李胜楠等，2015
	高管兼职	芬克斯坦（Finkestein），1992；刘星、代彬、郝颖，2011；冯慧群、马连福，2013；刘启亮等，2013；徐细雄、刘星，2013；杨兴全等，2014；郭军、赵息，2015；姚冰湜，2015；李胜楠等，2015
个人能力权力	内部晋升	徐细雄、刘星，2013；刘星、汪洋，2014；郭军、赵息，2015；姚冰湜，2015；胡明霞、干道胜，2015
	政治资本	刘星、代彬、郝颖，2011；李胜楠等，2015

4.1.1　所有权权力

企业契约的不完全性形成了处置未尽事项的剩余控制权，而影响其配置的决定性因素是企业所有权安排，因此所有权是权力的来源。高管在委托代理关系中的地位和优势决定了高管的所有权权力。因此，企业的所有权安排是决定高管权力大小的根本因素。根据以往的研究，企业所有权安排主要指股权安排，具体包括两个指标：一是股权集中度，一般以第一大股东持股比例表示；二是股权制衡度，一般以第 2~10 大股东持股比例与第一大股东持股比例之比表示。也有专家将高管持股比例作为反映高管权力的代理指标（Finkelstein，1992；Harrison et. al.，1988；Hambrick and Finkestein，1995；Chung 和 Pruitt，1996；刘星等，2011；孙健、卢闯，2012；杨兴全等，2014；李胜楠等，2015），但是中国企业中高管持股比例往往极小，对高管权力的影响不大，不具有研究价值（刘星、汪洋，2014）。

4.1.2 组织权权力

组织权权力是基于正式的组织结构和科层权威以通过自己所拥有的立法权来施加影响。高管因为其具有的正式组织地位而拥有相对于组织内其他成员的组织权力。有关组织的内部政治情况，如董事会构成以及内部权力集中度等因素，也在很大程度上影响管理者在战略与政策上的自由度（Finkelstein et al.，2009）。组织权力的大小与组织内正式地位的分配有关，本书选取四个指标构建组织权权力：（1）董事会领导权结构，即是否存在 CEO 兼任董事长的权力高度集中的情况；（2）董事会规模；（3）独立董事比例，也就是董事会中外部董事的比例；（4）监事会规模。

4.1.3 个人能力权力

芬克斯坦（1992）的权力模型对管理权力进行了较为详细的划分，他将管理权力划分为组织上的权力、所有权权力、专家权力和声誉权力。前两者是高管的正式权力，来源于组织、制度等的安排，与高管职位息息相关。高管的非正式权力是与高管职位不相关的权力，是由于个人知识、威望、声誉以及长期任职等形成的对企业超强控制的个人能力。金等（2011）将专家权和声誉权这两类权力合并称为个人能力权力，主要体现 CEO 个人的经验和资源禀赋。借鉴金（2011）的观点，本书选取体现高管专家权和声誉权的四个指标构建高管个人能力权力：一是高管任职年限；二是高管兼职，即高管兼任董事的公司个数；三是内部晋升；四是高管政治资本。

4.2　高管权力与投资效率

现代企业制度中的两权分离使得股东只保留对公司的所有权，而将控制权转移给管理者，从而产生了股东（所有者）与管理者（经营者）之间的委托代理问题和信息不对称问题，导致了管理者逆向选择和道德风险等行为的发生。管理者作为理性经济人，往往不会致力于实现企业价值增值和增加股东财富，而是更加倾向于追求自身利益最大化，进行机会主义行为（Bebchuk and Stole，1993；Bebchuk，2001；Hicheon，2008；Narayanan，1988），主要表现为：利用信息优势展开对现金资源争夺的自由现金流滥用（Vogt，1994；Richardson，2006；Gugler et al.，2006）、进行"帝国建造"（Jensen，1986；Stulz，1990；Hart，1995），以及增加人力资本价值的管理防御（Morck et al.，1988；Shleifer et al.，1989）等过度投资行为；或者为了维护自身职位的稳定产生管理防御（Neo and Rebello，1997；Leonard，2002），从而导致投资不足。

组织中的权力在企业经营和管理中居于核心地位，塑造企业组织结构安排，塑造成员之间的关系，影响组织绩效。组织中权力的集中与膨胀，加之监督机制的缺失，必然会导致权力寻租行为的发生，损害组织效率。当公司内部缺乏相关的监督与制衡机制时，高管权力会不断膨胀。当管理层拥有较大的权力时，代理问题更加严重，高管的自利行为增多，也会运用权力寻租，甚至会操纵董事会，影响董事会的决定（Grinstein and Hribar；2004）。此时，高管会衡量私人成本和私人收益进行决策。因此，一些可以增加企业利润、有利于企业长远发展的项目会因为私人成本较高被放弃，从而产生投资不足；相反，管理层有时会为了私人收益进行有损企业利益的投资行为，产生过度投资。

基于此，本书提出以下假设：

H1：高管权力越大，企业的非效率程度越高。

4.2.1 高管所有权权力与投资效率

所有权权力即依托于所有权安排的权力，取决于高管在企业权力结构中的支配地位和优势。企业所有权结构主要是指企业的股权结构安排，一般可将之划分为两种结构类型：一种是股权高度集中，即企业中存在一个绝对的控股大股东；另一种则是股权高度分散或存在相对控股股东，企业经营权与所有权完全分离。股权高度集中的情况下，绝对大股东会对高管的决策和行为进行监督和约束，使高管的权力受到很大的制约，抑制高管权力的滥用。在股权极为分散或只有相对控股股东的情况下，每个股东的相对权力较低，此时，股东会存在"搭便车"心理，对高管缺乏有效的监督和约束，从而间接提高了高管的权力。拥有较强权力的高管有动机利用信息不对称的有利条件，为扩大自己的财富而牺牲股东的利益，对其而言扩大投资是有利的选择（Morse，2011）。因此，管理层会利用信息优势，通过在职消费、滥用现金、管理防御、获取控制权收益等机会主义行为追求私利，导致出现非效率投资和降低企业价值的行为。黄志忠（2006）的实证研究也证明，企业的最大股东占有的持股比例越多，管理层利用实际权力侵占企业资源的可行性就越低，过度投资的概率也降低；而当股权结构比较分散时，管理层和持有股份较小的所有者们之间的代理矛盾就会凸显出来，管理层进行过度投资以获取额外收益。此外，股权制衡程度可以反映公司其他股东对公司运营的监督程度，也会影响高管权力的大小。从对中小股东的侵害角度来看，股权制衡代表中小股东对自身利益的保护程度。一方面，股权制衡表现为中小股东对公司现金流去向和流入的监控，可以减少资金滥用的可能性。另一方面，股权制衡会抑制高管与第一大股东合谋来侵占上市公司中小股东的利益的动机，从而使管理层制定高效率的投资决策。

1. 股权集中度

通常的委托代理问题大致分为两类，一种是所有者与管理层之间的代理冲突，另一种是大股东与中小股东之间的利益冲突，这两种冲突在不同股权集中度下的严重程度也不同。股权集中度是衡量高管权力的一个重要指标（Shleifer and Vishny，1997；Bebchuk，2002），当上市公司股权较为分散时，尤其大部分以小股东的形式存在时，由于缺乏像大股东这样强有力的所有者，股东基本上无法控制公司的经营决策。同时，由于投资者所投资本不多，股东没有动力参与该公司的决策，"搭便车"现象严重。此时，股东对管理层的权力制约较弱，使得高管凌驾于公司治理机制之上，拥有公司的重要控制权，管理层会利用对企业内部资源的实际控制权进行过度投资从而获取额外的收益。在股权比较集中的企业，由于存在大股东，企业管理者的行为受到大股东较为严格的控制，此时企业的董事长或 CEO 往往是大股东的直接代言人，管理者自身权力较小，其与所有者的期望目标函数是趋于一致的（Jensen and Meckling，1976）。在这种情况下，一定程度上能够避免管理者资金投向非营利项目（Jensen，1986），从而抑制管理者的非效率投资行为。

2. 股权制衡度

高管受到股东委派并受其监督和制约，股权制衡反映了大股东之外其他股东对公司运营的参与程度。制衡型股权结构意味着企业内部有多个大股东，而不存在"一股独大"的现象，本内森和沃尔芬森（Bennedsen and Wolfenzon，2000）提出在企业存在多个大股东的情况下，重大投资行为的决策就需要有多个股东的一致意见才能得以通过。这种事前股东的"讨价还价"行为意味着高管提出的投资决策方案需要经过细致的审查和讨论，从而加强了对高管的监督和约束，高管权力被抑制。戈梅斯（Gomes，2000）认为，多个大股东对企业控制权的分享必然会提高企业战略决策团队中所有权的占比，增加了高管控制权私有利益的获取成本，当高管意识到无效率投资并不能带来额外收益时，就会自动放弃，从而抑制了非效率投资行为。基于此，本书提出以下假设：

H2：高管所有权权力越大，企业的非效率投资水平越高；

H2 - 1：股权集中程度越高，企业非效率投资水平越低；

H2 - 2：股权制衡程度越强，企业非效率投资水平越低。

4.2.2　组织权权力与投资效率

组织权权力是科层组织赋予管理者法定职位的权力，该权力是组织根据高管的正式职位或者正式地位进行配置的企业剩余控制权。控制权理论表明，组织权权力较大的高管掌握了企业的关键资源（供应商、客户等），这增加了高管与董事会的谈判力，减少了高管由于业绩差而被解雇的可能性（Arrow，1962），因此，高管组织权权力较大时，会削弱甚至左右董事会、监事会对总经理的监督，会降低董事会信息处理能力，增加极端决策的可能性及总经理风险规避特征，提高其与股东之间的代理成本。在组织中，公司的内部治理结构非常重要（Jensen and Mecking，1976；Harzell and Titman，2006），直接影响高管的组织权权力。因为治理结构中董事会的规模、权力结构以及监事会制度等都是从最基本的层面对高管权力进行限定和约束，从而影响高管的行为和决策。本部分从治理结构角度分析高管的组织权权力对投资效率的影响。

1. 两职兼任

在代理理论认知框架下，由于信息的非对称性和契约不完全性，导致代理人在企业经营中的机会主义行为。两职兼任加剧了委托代理双方信息不对称程度，削弱了对高管的监督力度，为管理者的机会主义行为提供了机会，促进了企业的非效率投资。

我国企业普遍存在 CEO 兼任董事长的情况，这违背了不相容职务分离原则，破坏了董事会的独立性，削弱了董事会对总经理的监督职能（Finkelstein，1995；Pruitt，1996），甚至衍生出高管高于董事会的影响力，进而"俘获"董事会，强化了高管权力。此时，CEO 除了拥有法定授予的企业控制权外，还拥有经营决策制定权。在企业投资决策中的自由度较高，受到的约束较少，越有能力投资于实现个人收益最大化的项目，产生非效率投资。另外，两职兼任阻碍信息在决策层中的流动。在信息传递过程中，CEO 拥有过滤信息的权力，出于个人私利考虑会进一步加剧决策信息的不对称程度，减少投资决策中的不一致声音，提升了极端投资决策的可能性。

2. 董事会规模

董事会是公司内部治理机制的重要组成部分，其规模大小直接影响到高管权力的大小。一种观点认为董事会规模越大，会出现"搭便车""小团体"等行为，内部代理和沟通代理问题凸显，使董事会更容易被管理层掌控，难以抑制高管权力滥用所致的非效率投资行为。因此，董事会规模越大，高管权力越大，会降低企业投资效率（Albuquerque and Miao，2006；Morse，2011）。而另一种观点认为，规模较大的董事会在履行战略决策和监督职能方面具有更明显的优势。首先，与小型董事会相比，规模较大的董事会不易受管理层的挟制，其成员往往具有不同的专业背景和履职经历，成员之间的异质性有利于提高董事会的战略参与水平（Zahra and Pearce，1989），通过对投资项目进行充分的分析和探讨，防止无效投资项目的通过。其次，从资源基础视角出发，规模较大的董事会带来额外的外部资源优势，完全可以弥补规模较大带来的代理成本和决策速度减慢的损失（Dalton，Daily，1999；Johnson and Ellstrand，1999），使董事会履职能力提高。此时，高管权力会受到更为严格的监督和约束，机会主义行为更容易被发现。

本书认为两派的观点并没有冲突，企业存在一个最优的董事会规模，能够更好地发挥其战略和监督职能，提高投资效率。一般认为，董事会的人数应控制在 10 人以内，最优规模为 8 人或 9 人（Lipton and Lorsh，1992）。根据本书统计，2008～2014 年，我国 80% 的 A 股上市公司董事会规模都在 10 人以内，平均人数不超过 9 人，并不存在超规模的董事会。因此，在最优规模范围内，董事会规模越大，越有利于制约高管权力，抑制企业非效率投资水平。

3. 独立董事比例

2001年，我国证监会引入上市公司独立董事制度，独立董事的引入对制约高管权力，提高企业投资效率具有重要的影响。引入独立董事可以保证董事会对公司的基本控制，保持董事会的独立性，削弱高管权力的影响力（Williamson，1985），从而加强董事会的履职效果。一方面，独立董事具有复杂的个人动机。独立董事作为成功人士，非财务动机（声誉、法律责任、职业满意度）对他们的影响更加强烈（Pugliese，2007）。因此，相较于财务激励，他们更关注自身声誉。声誉是以独立董事的执业经历和工作荣誉为抵押的，若独立董事不能有效履行监督高管的职责，其工作能力和声誉将受到质疑（Fama and Jensen，1985）。此时，为了保护自身声誉，独立董事会有效地行使自身权力，主要通过对高管的聘用、评价和解聘发挥监督职能（Adam，2010），保护中小股东和公司利益不受侵害。另一方面，从战略决策的角度，独立董事因其异质性的工作经历和背景，能够更为广泛地收集决策所需的外部信息，为投资决策带来新的视角和思路方法（Fiegene，2005），提高投资决策的效率和效果。同时，在任职过程中，独立董事能更为审慎地考虑重大投资决策可能带来的风险。当这些风险会影响公司绩效时，他们会在董事会中坚持自己的立场，防止无效率投资决策的通过。

独立董事比例的增加导致独立董事占主导时，董事会更具凝聚力（Cristophe，2011），对董事会致力于履行职能更为有利。另外，随着独立董事比例的增加，独立董事之间易形成相互监督、制约机制，进一步避免了独立董事与高管勾结或不作为的行为，从而制约高管权力，避免非效率投资行为。

4. 监事会规模

一般来说，由于高管权力代表着一定的"话语权"，在企业的运营过程中，"话语权"代表着高管对投资决策的决定程度。高管权力越大时，管理者话语越有分量，受到的监督就越弱。上市公司监事会由股东大会授权成立，其主要职责是保护股东利益，对董事会和管理层进行监督，从而提高企业价值。监事会的成员由股东、职工或专业人士组成，成员向股东大会负责，该机构与董事会的地位并驾齐驱，不受董事会领导，因此监事会具有独立的监督能力，能够对上市公司的投资行为施加较大的影响。借鉴董事会治理的研究，监事会规模越大，越有利于监督高管权力，从而进行高效率的投资，发挥监事会治理效果。监事会对投资效率的影响通过监事会的监管能力体现出来。监事会规模越大，成员的知识、经验以及获得的信息越具有多样性，其履职能力越强，一旦发现管理层将公司资金投放于 NPV < 0 或放弃 NPV > 0 的项目，有权要求管理层立刻停止活动。在紧急情况下，监事会成员还有权利提请召开临时股东大会。

基于上述分析，本书提出如下假设：

H3：高管组织权权力越大，企业非效率投资程度越高；

H3 - 1：董事长、总经理两职兼任，企业非效率投资程度越低；

H3 - 2：董事会规模越大，企业非效率投资程度越低；

H3 - 3：独立董事比例越多，企业非效率投资程度越低；

H3 - 4：监事会规模越大，企业非效率投资程度越低。

4.2.3 个人能力权力与投资效率

个人能力权力是与高管职位不相关的权力，是非正式权力。高管凭借自身的知识、信息优势，处理环境不确定性和帮助组织获得成功的能力是个人能力权力的主要来源。高管的知识、信息、经验以及声誉等越强，则高管的个人能力对组织成员及组织效率的影响力越大，个人能力权力越高。借鉴芬克斯坦的权力模型，金等（2011）、赵息等（2013）将个人能力权利分为专家权和声誉权。专家权力来源于管理者在复杂环境下有效管理公司而获得的从业经历和丰富的外部资源。声誉权力则表现为有声望的高管能获取更多的信任和支持，降低不确定性对公司的影响，一般用担任其他公司董事或高管政治资本来反映。

根据马斯洛的需要层次理论，高管作为一个"社会人"，高额的薪酬已经满足了低层级的需要，因此，追求自我价值的实现以及社会的认可、尊重是更重要的需求，戴维·麦克利兰称之为"成就动机"。倾向于使用非正式权力的高管，主要通过个人能力来影响组织决策，具有高度的组织认同感和组织承诺，将自己定位于"管家"角色，在追求自身尊严、信仰以及内在工作满足的过程中，进行高效投资，在达成企业价值最大化目标的基础上，实现个人利益并满足自己的成就需要。这一点在托西（2003）的研究中同样得到检验，即当高管行为出现"管家"倾向时，企业投资时易选择最优方案，实现效率投资。

1. CEO 任职年限

任职年限是从时间维度对高管权力进行衡量，也反映了高管的个人能力。任期短的 CEO，对企业的控制力和影响力较弱，为了快速获得外界的认可，往往会选择短期获利的投资项目进行过度投资，同时放弃 NPV >0 但周期较长的投资项目，导致投资不足。随着 CEO 任职时间越长，增强了对企业的控制力，在投资决策时能考虑得更长远，不会放弃在周期较长的项目上进行投资（Mille, Breton and Mille, 2006）；对企业的业务有了更深刻的理解，对不确定性的承受能力更强，不惧怕较长期限才能回收的项目（Milliken, 1987）。同时随着 CEO 的任期年限的延长，企业成员之间的配合程度更有效，使信息交流的速度和质量得到提升，管理者可以为制定战略决策获得大量的有用信息，提升工作效率，从而在一定程度上避免由于失误造成的非效率投资。此外，任职时间越长，积累的威信越高，高管个人权力增强，高管具有高度组织认同感，为了维护多年经营的声誉和诚信，高管勤勉尽责地履行"管家"职责，减少非效率投资，提升企业价值。

2. 高管兼职

管理者在社会环境中拥有的信息、知识、经验和社会关系资源会影响他人对其能力的判断，该影响力决定了高管的个人能力权力，影响高管对企业的控制力。正如阿洪和梯若尔（1997）指出的，拥有更多的社会关系资本，有利于强化高管的权力。当高管在外兼职时，表明其专业技能具得到行业和社会的认可，能从外部接触中获得对企业有价值的信息，增强其投资决策中的权威性和影响力，强化了高管的个人能力权力，进而影响企业的投资效率。

高管兼职对投资效率的影响主要体现在以下三方面：首先，任职外部董事的高管可以获得关于商业环境的即时信息，这样的信息在高管不兼任时无法获得，使高管在进行企业投资决策时会更容易做出正确的选择，进而提高企业投资效率；其次，在其他外部机构或组织兼职的管理者通常被认为是"管理精英"，而追求良好的声誉正是高管实现个人价值和获得社会认可的需要，高管更愿意在日常经营决策中发挥"管家"作用，进行高效率的投资；最后，拥有更多社会关系资本的高管具有良好的声誉，更容易获得外部的信任和支持，能够克服外部融资约束的不利影响，做出最优的投资决策。

3. 内部晋升

内部晋升是从高管来源角度衡量其对企业的控制力和影响力。内部晋升的管理者，由于多年的积累，在企业内部已经形成了成熟的权力关系网，这些优势使内部晋升的管理者对企业的控制能力更强，具有较高的个人能力权力。与外部空降到企业的总经理相比，内部晋升的总经理具有明显的知识、信息、经验等优势，对于企业的组织架构、业务模式、人事关系以及资源结构更加熟悉，有利于管理层做出最优的投资决策，进行高效率的资本配置。

大量实证研究和案例均显示，"空降兵" CEO 在企业经营中的表现并不出色，与内部晋升的 CEO 相比，他们缺少与企业共同成长的经历，没有建立心理归属感，难以融入组织，容易跳槽（王雪莉，2013；杨国枢，2004），在企业经营中很难将自己定位于"管家"角色，因此企业绩效表现差。激励理论认为，高管对组织的认同和归属感，有助于其"管家"职能的发挥。只有 CEO 把企业当成自己的家来对待时，才会全心全意付出，为企业长期持续发展负责。因此，内部晋升的高管具有较强的"管家"意识，会从企业长远利益出发，提高企业投资效率。

4. 政治资本

在制度欠发达的经济转型国家，普遍存在着企业将资源投入与政府关系的维护中从而建立政治关联的现象（Faccio，2006）。在经济转轨的市场背景下，具有政治资本的高管可以通过与政府的良好关系获取政策、制度上的支持和倾斜（SzeMnyi，1983）。具体来说，可以游说政府制定和实施有利于企业经营的政策和制度（Hellman et al.，2003），或者通过政府的关系获取各种低成本的战略性资源，诸如无息贷款、土地使用权等（Kornai et al.，2003）。因此，政治关联使企业获得更多的制度和资源支持，决策的空间更为自由（Berkman et al.，2011）。此时，拥有政治资源的高管，个人能力权力更高，对企业经营的影响力更大。同时，拥有政治资本的高管已经形成了良好的声誉，因此，更愿意在企业经营中发挥"管家"作用，进行高效率的投资，增加企业价值。基于上述分析，本书提出如下假设：

H4：高管个人能力权力越大，企业的非效率投资程度越低；

H4－1：CEO任职年限越长，对企业的控制力越强，非效率投资程度越低；

H4－2：外部兼职越多的高管权力越大，非效率投资程度越低；

H4－3：内部晋升的高管权力越大，非效率投资程度越低；

H4－4：具有政治资本的高管权力越大，非效率投资程度越低。

4.3 内部控制、高管权力与投资效率

不完全契约视角下，由于高管薪酬绩效契约的不完备性、信息不对称性等，高管为了追求自身效用最大化，在企业决策中做出"逆向选择"和"道德风险"等行为，损害所有者的利益，产生管

理者代理问题（Hart，1958），导致企业投资的低效率。而高质量的内部控制可以弥补上述制度缺陷，减轻代理问题，缓解信息不对称程度，从而提高公司投资效率。

一方面，内部控制机制可有效地制约由管理者代理问题引发的非效率投资。首先，良好的内控环境可以减少高管权力寻租的机会，抑制高管滥用现金流、"帝国建造"、管理防御等机会主义行为所致的非效率投资，缓解了代理冲突，提高了企业投资决策的可靠性和稳健性。其次，风险评估和控制活动也为内部控制的治理提供可靠的技术支持和保障，能够有效识别和防范项目风险，限制高管背离行为的发生，减少代理成本，提高投资效率。最后，在内部控制建设完善的企业中，内部监督机制健全，企业内部契约各方的职责和收益明确，可以对企业在日常运营中的问题和高管的不恰当行为（如凌驾于企业利益之上的个人私利最大化行为、贪图享乐的机会主义行为等）进行有效的监督和制约，防止高管权力滥用所致的非效率投资问题。

另一方面，内部控制机制可以有效地缓解信息不对称引发的非效率投资。内部控制作为一种信息传递机制，通过良好的沟通，可以降低企业内部之间以及内外部之间的信息不对称程度，提高投资决策的效率。首先，从企业内部来讲，良好的信息沟通能够在组织内部充分配置信息，使决策团队成员获得及时准确的信息，抑制投资决策中高管权力行为下的"逆向选择"问题的发生，提升投资决策效率。良好的信息沟通还能保障投资决策的正确实施，减少高管权力下的"道德风险"问题的产生，提高投资效率。其次，从企业外部来讲，良好的内部控制有助于提升企业财务报告的质量（Ashbaugh-Skaife et al.，2008；Doyle et al.，2007），作为一种良性信号传递到资本市场中，增强了股东、债权人等投资者对高管和企业投资的信心，降低融资成本，缓解了因为投资者与高管之间信息不对称所导致的投资不足（Deumes and Knechel，2008）。同时，高质量的内部控制能够避免外部投资者在企业投资决策时被虚假财务信息所误导，抑制高管权力异化投资决策的行为。

此外，内部控制机制还可通过其他治理途径影响公司投资效率。即使不存在委托代理问题，高管在投资决策中的"管家"行为也可能囿于高管个人知识、信息及资源等的限制，做出非意愿性的操作失误，高估投资项目的收益，低估投资项目的风险和成本等，导致偏离最优状态的非效率投资的发生。而有效的内部控制可以通过风险评估、控制活动以及监督机制，防范这种由高管操作性失误引发的非效率投资。具体来说，高质量的风险评估机制能够有效识别和应对风险，提高高管的风险应对能力，降低失误造成的损失，提高投资效率；控制活动主要包括一系列规范的授权审批制度、复核制度、财务控制制度及预算制度等，帮助高管及时发现公司项目投资实施中的操作性非效率投资（Ashbaugh-Skaife et al.，2008；Doyle et al.，2007）；内部监督机制能够充分调动企业内部其他组织成员的积极性，监督完善投资项目的实施，降低操作性失误，促使企业投资中高管"管家"行为的实现。

基于此，提出以下假设：

H5：内部控制质量越高，越能够抑制高管权力与非效率投资之间的正相关关系；

H5-1：内部控制质量越高，越能够抑制高管所有权权力与非效率投资之间的正相关关系；

H5-2：内部控制质量越高，越能够抑制高管组织权权力与非效率投资之间的正相关关系；

H5-3：内部控制质量越高，越能够增强高管个人能力权力与非效率投资之间的负相关关系。

4.4 制度环境、高管权力与投资效率

在莫迪利亚尼和米勒构建的完美投资模型中，公司投资与其他是相互独立的，投资项目判断的标准是净现值为正。然而这一投资

准则在现实中并不成立，由于委托代理的存在，作为代理人的管理者并没有获得完备的薪酬契约，因此作为一个"理性的经济人"会利用手中的控制权，借助非对称的信息，在企业投资中做出损害企业价值的非效率投资决策。而公司治理结构安排会影响高管权力，从而影响企业的投资效率。部分学者强调，公司治理结构安排会受到内外部制度环境的影响（Djankov and Murrell，2002）。目前，我国正处于经济转型时期，制度环境对企业投资行为的影响会更加显著，本书从政府监管（产权性质）、区域市场环境（市场化进程）和资本市场环境（机构投资者）三个方面分析制度环境的影响。

4.4.1 政府监管

尽管已经有大量文献表明，政府干预显著地降低了公司价值，损害了中小投资者利益（夏立军、方轶强，2005；陈信元、黄俊，2007；潘红波等，2008），但是，政府监管并非一无是处。在市场经济运行的基本制度（如司法机制）缺乏的情况下，政府监管有助于降低交易成本，保证契约的履行，而事实上这也部分提高了股东利益。因此，在市场机制尚未有效约束高管权力行为之前，政府监管在一定程度上可以作为不完善的市场机制的一个替代（钟海燕，2001），发挥治理作用。

近年来随着市场化进程的发展，民营上市公司数量越来越多。学者们发现，与国有控股的上市公司相比，民营控股上市公司的代理问题更为突出。虽然民营控股的上市公司也受到政府行政政策干预、监管等约束，但这种影响相对国有控股上市公司而言是间接的，所以政府监管力度较弱。因此，在民营控股的上市公司中高管享有更大的权力，掌握企业的控制权和剩余控制权，加之内部治理机制的不完备，对高管权力的监督制约失效，容易造成权力滥用，为高管进行非效率投资实施利益侵占创造了机会。因此，从监督约束机制来看，非国有控股上市公司管理层受到的监督约束较少，更容易进行非效率投资。

相较于民营控股的上市公司，国有控股上市公司受到的政府监管力度更强。国有控股上市公司高管人员大多由政府直接任命或选聘，公司绩效下降时，高管更容易被撤换（Wang，2003）。这就使政府能够更有效地监管企业重大经营决策，减少了上市公司代理冲突问题的发生，从而约束了上市公司高管在投资决策上的机会主义行为，提高了企业的治理效率。此外，国有控股上市公司的高管大多与政府建立了紧密的政治关系网络，具有良好声誉，职位晋升也受到政府选聘机制的影响，因此，高管对社会成就以及个人价值的追逐使得其在企业经营中更易发挥"管家"职能，进行高效率的投资。

基于此，本书提出以下假设：

H6：相较于非国有控股上市公司，国有控股上市公司更能够减弱高管权力与非效率投资之间的正相关关系；

H6-1：相较于非国有控股上市公司，国有控股上市公司更能够减弱高管所有权权力与非效率投资之间的正相关关系；

H6-2：相较于非国有控股上市公司，国有控股上市公司更能够减弱高管组织权权力与非效率投资之间的正相关关系；

H6-3：相较于非国有控股上市公司，国有控股上市公司更能够增强高管个人能力权力与非效率投资之间的负相关关系。

4.4.2 区域市场环境

市场环境是影响企业经营的一系列外部宏观因素，包括政治、经济、社会和法律制度等。由于国家的"梯度发展战略"和企业资源禀赋的不同，使得各地区的经济发展并不平衡，区域市场环境具有显著差异（樊纲等，2006）。这种差异化的市场环境导致不同区域企业的治理效率不同，因此，对高管权力的约束力度也具有明显的区域特性。正如白俊、连立帅（2014）指出的，良好的市场环境对高管权力形成强力的市场约束力，抑制高管异化投资行为的发生，提高投资效率。理论界深入探讨了市场化改革降低代理成本的作用，并且已有文献发现，市场化力量可以通过激励约束机制来制约高管权力，从而起到缓解代理冲突和提高企业投资效率的作用。

从政府与市场的关系来看，政府对市场经济的运行干预程度较高，政府仍部分掌握关键资源的配置，市场政策的制定和执行不透明，因此造成市场信息不对称，对高管权力的约束机制失效，从而造成企业低效率的投资。而在市场化程度高的地区，随着政府职能向"服务型"的转化，政府监管部门的独立性大大增加，有利于发挥其监管功能。此时，市场透明度的提高使资源按市场规律进行配置，高管的个人能力高低很容易在市场中凸显出来，更有利于高管个人能力权力的发挥。

从市场角度来看，市场化程度越高的地区，产品市场、经理市场、资本市场（考虑到资本市场对企业投资的影响更加直接，因此，单独作为一部分进行研究）就越发达（夏立军、方轶强，2005；高雷、宋顺林，2007）。一方面，根据传统经济理论，发达的产品市场带来的激烈竞争促使产品的价格逼近边际成本，增加了企业破产的可能性，从而迫使管理者放弃不能给企业带来经济利益的投资项目，将企业资源进行优化配置，努力降低成本（Shleifer and Vishny，1986）。同时，竞争激烈的市场会提供更多的企业内外部信息，减少了企业内外部信息的不对称程度，有利于外部投资者更好地监督高管权力运行，抑制高管投资决策中的"代理人"行为；也有助于高管避免操作性失误，更好履行"管家"职责进行效率投资。此时，内外部信息的对称使得企业经营的市场表现可完全反映高管的个人能力和水平，高管为了获得社会认可和自我价值的实现，自我定位于企业管家，做出高效率的投资决策。另一方面，发达的要素市场主要表现为完善的经理人市场。与董事会等有形监督约束机制不同，经理人市场是基于优胜劣汰的竞争机制，对企业高管施加无形的监督和约束，取得高绩效的高管会继续留任并提升自己在经理人市场的价值，而绩效较低的高管则职业前景较差。由于经理人市场的存在，当高管为谋求自身利益进行非效率投资行为时，不仅损害了企业的价值，也对自身的人力资本造成了损失。因此，职业经理人出于人力资本保值和增值等长期利益的考虑，会努力工作并克制权力滥用，积极发挥"管家"作用，进行效率投资，增加企业价值。

从法律制度环境的角度来看，我国法律制度环境在市场化改革进程中有明显的改善（樊纲等，2010）。当市场化程度越低时，法制建设不完善，缺乏对投资者的有效法律保护，投资者不能有效监督约束高管权力，加剧高管"代理人"行为，降低企业投资效率。而在法律保护程度较高的地区，高管以权谋私侵害股东利益的非效率投资行为会受到严厉处罚，加大了高管权力寻租的成本，由此对高管权力行为形成强大的震慑作用，从而保护了投资者的利益（La Porta et al.，1997）。因此，随着市场化改革进程而逐渐完善的法制环境，能够从立法和执法两个方面保护投资者权益，促进投资者治理机制作用的发挥，有效监督并抑制高管权力的机会主义行为，从而进行高效率的企业投资。

基于此，本书提出以下假设：

H7：市场化程度能够降低高管权力所致的非效率投资水平；

H7 - 1：市场化程度能够降低高管所有权权力所致的非效率投资水平；

H7 - 2：市场化程度能够降低高管组织权权力所致的非效率投资水平；

H7 - 3：市场化程度能够增强高管个人能力权力对非效率投资的抑制作用。

4.4.3　机构投资者、高管权力与投资效率

机构投资者是公司外部治理的一种重要机制，关于机构投资者的治理效应有三种不同的观点："有效监督说""利益冲突说"和"战略合作说"（Pound，1988）。"有效监督说"认为，机构投资者可以凭借其信息、资源优势，积极参与公司治理，有效监督公司经

营，获得更高的投资收益。"利益冲突说"则认为机构投资者习惯"用脚投票"，在企业经营决策中存在"搭便车"的消极治理行为。"战略合作说"认为，机构投资者通过与企业管理者合谋，损害其他中小股东的利益。事实上三种观点并行不悖。因为持股数量、持有时间、持有动机等因素的不同，异质性的机构投资者参与公司治理的动机和能力不同，因此对高管权力的约束不同，进而影响投资效率（Coffee，1991）。

1. 机构投资者持股比例、高管权力与投资效率

格林斯坦和迈克利（Grinstein and Michaely，2005）认为机构投资者对上市公司的监督取决于收益和成本的衡量，当监督成本较高时，则参与公司治理的意愿下降。当机构投资者持股比例较小时，受自身条件和外部环境的制约，参与公司治理的作用非常有限。因此，他们会采用"搭便车"的方式消极参与上市公司治理。面对较差的绩效时，他们往往会出售股票而不是实行纠正行动（Admati，1994），对管理者的权力制约较少。

机构投资者一般具有雄厚的资金实力、信息收集整理的优势以及专业人员管理的技术优势。当机构投资者持股比例较大时，传统的"用脚投票"的成本增加，机构投资者会利用自身优势积极参与公司治理，对公司的内部执行和控制系统进行监督。当发现管理者存在为了获取私人收益而进行非效率投资的行为时，机构投资者可通过提交股东提案、与管理层私下协商和征集委托投票权等方式，在股东大会上投反对票，从而减少非效率投资。

基于此，本书提出以下假设：

H8：机构投资者持股比例越高，越能够抑制高管权力与非效率投资之间的正向关系；

H8-1：机构投资者持股比例越高，越能够抑制高管所有权权力与非效率投资之间的正向关系；

H8-2：机构投资者持股比例越高，越能够抑制高管组织权权力与非效率投资之间的正向关系；

H8 - 3：机构投资者持股比例越高，越能够增强高管个人能力权力与非效率投资之间的负向关系。

2. 机构投资者持股结构、高管权力与投资效率

根据机构投资者的持股动机，可将机构投资者持股结构分为基金型投资者和非基金型投资者（叶建芳等，2012；唐松莲等，2015；佟岩、刘第文，2016）。基金型投资者通过提供专业的投资组合、分散投资风险实现增值。与其他机构投资型投资者相比，基金型投资者凭借卓越的资金、技术、管理等优势，具有更积极的治理动机和显著的治理能力去监督高管权力行为，提高投资效率。

首先，基金型投资者具有明显的资金优势。基金型投资者是规模最大的机构投资者，影响力远超其他机构投资者，因其持股比例较高、投资体量巨大，使得退出成本加大，因而，基金型投资者有积极动机监督约束高管权力下的投资行为，提升投资效率。其次，基金型投资者具有明显的技术优势。基金型投资者中具有大量投资专业背景的研究人员、项目经理等，因此具有较强的专业分析能力和监督投资决策的能力，有助于企业投资中高管"管家"行为的实现。最后，基金型投资者内部管理中已建立了比较完善的激励机制和竞争机制，具有积极治理的动力和压力。综上所述，与其他机构投资者相比，基金型投资者会更积极地参与公司治理，监督管理者的权力行为，从而抑制非效率投资。

基于此，提出以下假设：

H9：基金持股比例越高，越能够抑制高管权力与非效率投资之间的正向关系；

H9 - 1：基金持股比例越高，越能够抑制高管所有权权力与非效率投资之间的正向关系；

H9 - 2：基金持股比例越高，越能够抑制高管组织权权力与非效率投资之间的正向关系；

H9 - 3：基金持股比例越高，越能够增强高管个人能力权力与非效率投资之间的负向关系。

3. 机构投资者类型、高管权力与投资效率

根据机构投资者与被投资企业的关系，布里克利（Brickley，1988）将两者间不存在商业关系、独立性强的机构投资者定义为"压力抵制型"，反之则称为"压力敏感型"。本书采用布里克利（1988）的分类，因证券投资基金和 QFII 与被投资企业无商业联系，界定为"压力抵制型"机构投资者；将保险基金和社保基金等与被投资企业存在实际或潜在商业关系的，界定为"压力敏感型"机构投资者。

根据"战略合作说"的解释，"压力敏感型"机构投资者独立性差，与被投资企业存在商业联系，因而更容易通过与被投资企业高管合谋来获利，缺乏积极治理的动力，不能有效监督高管权力行为，造成非效率的投资，损害其他中小股东利益。而独立性强的"压力抵制型"机构投资者，不易被被投资企业左右，倾向于关注企业长期发展，会利用自身优势履行积极股东职责，更好地抑制企业非效率投资。

基于此，提出以下假设：

H10：压力抵制型机构投资者持股能够降低高管权力所致的非效率投资水平；

H10 - 1：压力抵制型机构投资者持股能够降低高管所有权权力所致的非效率投资水平；

H10 - 2：压力抵制型机构投资者持股能够降低高管组织权权力所致的非效率投资水平；

H10 - 3：压力抵制型机构投资者持股能够增强高管个人能力权力对非效率投资的抑制作用。

第 5 章　实证设计与检验

本部分将基于我国上市公司的经验数据，分维度构建高管权力指标体系，在合理测度投资效率的基础上，分析高管权力各维度对非效率投资的影响，并从内部控制、外部制度环境两个视角分别验证对高管权力与非效率投资之间关系的调节效应。

5.1　样本选取与数据来源

2007 年之前，我国上市公司没有完善的内部控制信息披露规范指引，导致披露的形式不一、信息不完整。随着 2006 年沪深两市关于《上市公司内部控制指引》的相继出台，2007 年我国上市公司开始以该指引为导向，逐步完善内部控制制度，进行内部控制信息披露。基于此，本书选取 2007～2014 年沪、深两市 A 股上市公司为全部样本，按以下程序进行筛选：（1）剔除金融、保险、教育、卫生和回收业类的公司；（2）剔除 ST、PT 类样本公司；（3）剔除数据缺失的样本；（4）剔除行业规模小于 10 的数据；（5）为了消除极端值的影响，本书对连续变量在 1% 的水平上进行 Winsorize 处理。由于构建非效率投资模型采用滞后一期变量处理，因此最终得到 2008～2014 年共 7147 个数据，其中 2008 年、2009 年、2010 年、2011 年、2012 年、2013 年、2014 年分别有 582 个、676 个、764 个、1064 个、1312 个、1413 个、1336 个观测值。本书各项数据指标主要来自 CSMAR 数据库，部分高管信息资料通过查阅公司年报、新浪财经和百度等网站搜集补充。本书数据采用STATA13.0进行处理。

5.2　变量选择与回归模型构建

5.2.1　变量定义与测量

1. 非效率投资指标

理查森（2006）开创性地提出投资效率的测量模型，并在国内外的研究中被广泛采用（辛清泉等，2007；刘志远、靳光辉，2013；刘行和叶康涛，2013）。

$$inv_t = \alpha + \alpha_1 revenue_t + \alpha_2 leverage_{t-1} + \alpha_3 fcf_{t-1} + \alpha_4 asset_{t-1}$$
$$+ \alpha_5 asset_t + \alpha_6 inv_{t-1} + \varepsilon \qquad (5-1)$$

其中，被解释变量 inv_t 为第 t 年新增资本投资总额，是企业净投资，具体数值取自现金流量表中"构建固定资产、无形资产和其他长期资产所支付的现金"。其预测值由公司的成长性（$revenue_t$）、资产负债率（$leverage_{t-1}$）、公司规模（$asset_t$）、自由现金流（fcf_{t-1}）等因素决定，非效率投资部分是净投资真实值与预测值的差额，也就是模型回归残差。残差 >0 表示净投资真实值超过理想值，存在投资过度，残差 <0 则表示净投资真实值小于理想值，存在投资不足。模型残差绝对值的大小表示非效率投资的程度。其他变量的解释如表 5-1 所示。

表 5-1　　　　　投资效率模型中各变量的含义及说明

变量代码	变量含义	变量说明
inv_t	投资总额	第 t 年资本投资总额的对数
$revenue_t$	主营业务收入增长率	第 t 年主营业务收入 - 第 $t-1$ 年主营业务收入 / 第 $t-1$ 年主营业务收入
$leverage_{t-1}$	资产负债率	第 $t-1$ 年资产负债率

变量代码	变量含义	变量说明
fcf_{t-1}	现金净流量	第 $t-1$ 年现金净流量
$asset_{t-1}$	总资产	第 $t-1$ 年总资产的对数

2. 高管权力指标

芬克斯坦（1992）、金（2011）、赵息和许宁宁（2013）将高管权力分为三个维度：所有权权力、组织权权力与个人能力权力。反映所有权权力的指标有 $top1$、$outsider$，分别表示企业股权集中度与股权制衡度，同时由这两项的哑变量生成所有权权力积分变量 $power\_c$。反映组织权权力的指标有 $dural$、$ndire$、$indepe$ 和 $nsuper$，分别表示两职兼任情况、董事会规模、独立董事比例和监事会规模，同时由这四项的哑变量生成组织权权力积分变量 $power\_o$。反映个人能力权力的指标有 Y_ceo、d_other、$group$ 和 fgo_dum，分别表示高管任职 CEO 的年限、兼任董事的公司数量、内部晋升与政治资本，同时由这四项的哑变量生成个人能力权力积分变量 $power\_a$。各指标的具体含义及测量见表 5-2。

表 5-2　　　　　　　　　各变量含义及说明

类型	变量代码	变量含义	变量说明
因变量	abs_inv	非效率投资	投资效率模型（5-1）残差的绝对值
自变量	$top1$	股权集中度	第一大股东持股比例
	$outsider$	股权制衡度	第二至十大股东持股占第一大股东持股的比例
	$power\_c$	所有权权力	等于 $top1$ 哑变量 + $outsider$ 哑变量；$top1$、$outsider$ 大于中位数取值为 0，表示高权所有权权力小；小于中位数取值为 1，表示高管所有权权力大
	$dural$	两职兼任	董事长与总经理职能重合，高管权力更大，取值为 1，两职分离取值为 0

续表

类型	变量代码	变量含义	变量说明
自变量	*ndire*	董事会规模	董事会规模越大，越能有效制衡高管，高管权力越小
	indepe	独立董事比例	独立董事占比越高，高管权力越小
	nsuper	监事会规模	监事会规模越大，对高管的监管越强，高管权力越小
	power_o	组织权权力	等于 *dural* 哑变量 + *ndire* 哑变量 + *indepe* 哑变量 + *nsuper* 哑变量；*dural*、*ndire*、*indepe*、*nsuper* 大于中位数取值为 0，表示高管组织权权力小；小于中位数取值为 1，表示高管组织权权力大
	y_ceo	任职 CEO 年限	任职年限越长，高管个人能力越强，权力越大
	d_other	兼任董事的公司数量	兼任董事的单位数越大，高管个人能力越强，权力越大
	group	内部晋升	内部晋升的高管，个人能力越强，权力越大
	fgo_dum	政治资本	高管拥有政治资本取值为 1，表示个人能力权力大；否则为 0，个人能力权力小
	power_a	个人能力权力	等于 *y_ceo* 哑变量 + *d_other* 哑变量 + *group* 哑变量 + *fgo_dum* 哑变量；*y_ceo*、*d_other*、*group*、*fgo_dumr* 大于中位数取值为 1，表示高管个人能力权力大；小于中位数取值为 0，表示高管个人能力权力小
	power_s	高管权力	根据主成分分析法计算的高管权力综合得分指标
调节变量	*lici_db*	内部控制质量	迪博指数的自然对数
	ind_makt	市场化指数	樊纲、王小鲁（2015）市场化指数
	inst	机构投资者持股	机构投资者持股占公司总股本比例的对数
	fund	机构投资者持股结构	基金持股占公司总股本的比例

类型	变量代码	变量含义	变量说明
调节变量	*un_pre*	压力抵制型机构投资者的比重	机构投资者中压力抵制型机构投资者的持股比重
控制变量	*cf*	现金流量	经营活动现金净流量/总资产
	sale	销售收入	销售收入/总资产
	cash	现金持有	货币资金/总资产
	exp	管理费用	管理费用/总资产
	otac	其他应收款	其他应收款/总资产

根据以上反映高管权力各维度的 8 个代理变量（剔除掉不发挥作用的 2 个代理变量）进行主成分分析，以主成分综合得分测量高管权力，具体计算过程如下。

首先，用 KMO 检验是否符合做因子分析，经检验，KMO 指数为 0.5289，大于 0.5，比较适合做因子分析。

然后，进行主成分分析，得到特征根大于 1 的 4 个主成分，根据因子得分系数矩阵将 4 个主成分表示成各变量的线性组合，因子得分见表 5 – 3。

表 5 – 3　　　　　　　　　　因子得分

	f_1	f_2	f_3	f_4
ndire	0.9076	0.1394	0.009981	– 0.05617
indepe	0.8911	0.118	0.06345	– 0.08482$f4$
nsuper	0.5394	– 0.08714	– 0.2738	0.2155
*top*1	0.1159	– 0.829	0.07385	0.02102
outsider	– 0.1083	0.824	– 0.05644	0.02521
y_ceo	0.004376	0.1082	0.7033	0.1267
d_other	0.07606	0.01136	0.5804	0.5786
fgo_dum	0.04364	– 0.0167	0.4627	– 0.7782

最后，按照各因子的方差贡献率确定各因子的权重，得到高管权力的综合得分：

$$power\_s = 0.2427f_1 + 0.1774f_2 + 0.1417f_3 + 0.1268f_4$$

3. 调节变量

调节变量主要有两大类：一类是反映内部治理机制的内部控制；另一类是反映外部治理机制的制度环境。

内部控制主要用内部控制质量来表征，具体采用迪博公司发布的上市公司内部控制指数来评价公司的内部控制质量水平。该指数在借鉴国外 Audit Analytics Data 数据库资料的基础上构建并推出"中国上市公司内部控制指数"数据库，该数据库基于公司年报的财务数据、公司治理资料以及内部控制自我评价报告等，建立涵盖内控五要素与反映内控目标的内部控制质量量化模型，比较准确地反映出公司内部控制水平（林斌和饶静，2009）。财政部、证监会等监管机构以及许多学者的研究也采用迪博指数度量上市公司内部控制质量。由于迪博指数的原始数据取值范围在 176~990 之间，为了使数据更加平稳，本书使用迪博指数的自然对数作为内部控制质量的代理变量。

制度环境主要包括政府监管、区域市场环境和反映资本市场环境的机构投资者。政府监管指标根据产权性质分为两类，政府监管强的国有企业和政府监管弱的非国有企业。区域市场环境主要采用樊纲、王小鲁（2015）市场化指数衡量。机构投资者主要由三个指标衡量：机构投资者持股比例（潘立生、张清政，2010；计方、刘星，2011）、基金持股比例（金玉娜、张志平，2013；唐松莲等，2015；佟岩、刘第文，2016）和压力抵制型机构投资者的比重（夏宁、邱飞飞，2016），分别反映机构投资者的影响力、机构投资者结构和机构投资者类型。

5.2.2　回归模型构建

首先，借鉴理查森（2006）投资效率的残差度量模型拟合得出的残差绝对值衡量企业的非效率投资程度。

其次，运用主成分分析法对所选取的衡量高管权力各维度的指标进行汇聚，提取因子形成因子得分表，并根据各因子的方差贡献率作为其权重，确定高管权力的综合得分。

再次，通过一般回归分析高管权力总指标以及各个维度的衡量指标对投资效率的影响，对假设 H1～H4 进行检验，设计以下回归模型：

$$abs_{inv} = \alpha + \alpha_1 power + \sum control + \sum year + \varepsilon \quad (5-2)$$

其中，α 表示截距，ε 表示随机扰动项，power 指标包括高管权力综合指标 power_s、高管所有权权力指标 power_c、高管组织权权力指标 power_o、高管个人能力权力指标 power_a 以及生成各维度的10 个代理变量。

最后，通过回归分析验证内外部治理机制对非效率投资的治理效应，以及对高管权力与投资效率关系的调节效应，设计以下回归模型，对假设 H5～H10 进行检验。

$$abs_{inv} = \alpha + \alpha_1 power + \alpha_2 mod + \sum control + \sum year + \varepsilon$$
$$(5-3)$$

$$abs_{inv} = \alpha + \alpha_1 power + \alpha_2 mod + \alpha_3 power \times mod +$$
$$\sum control + \sum year + \varepsilon \quad (5-4)$$

为了控制潜在的异方差和序列相关问题，本书对所有的回归模型的系数标准误差都在公司层面进行了 cluster 处理。

5.3 实证结果及分析

5.3.1 描述性统计

表 5-4 是主要变量的描述性统计结果，汇报各指标在样本观测期内均值、标准差、最小值、中值和最大值。为了避免部分样本极端值的噪声，在进行数据处理前采用 STATA13.0 对各变量进行

1%水平的异常值处理。

1. 非效率投资的描述性统计

从表5-4可以看出，非效率投资在上市公司中具有普遍性。非效率投资中位数为0.419，均值为0.548，最大值为5.444，最小值0，各公司间表现出极大的差异性。因此，研究非效率投资的动因和治理机制是必要和可行的。

表5-4　　　　　　　　描述性统计

	变量	均值	标准差	最小值	中位数	最大值
因变量	*abs_inv*	0.548	0.517	0.000	0.419	5.444
自变量	*top*1	35.90	15.18	3.621	33.92	89.41
	outsider	22.66	13.41	0	21.41	63.32
	power_c	1	0.612	0	1	2
	dural	0.717	0.446	0	1	1
	ndire	8.801	1.749	4	9	18
	indepe	0.535	0.618	0	0.5	1
	nsuper	3.621	1.109	1	3	13
	power_o	2.313	0.973	0	3	3
	y_ceo	4.394	2.669	0	4	19
	group	0.254	1.083	0	0	1
	d_other	0.631	1.297	0	0	16
	fgo_dum	0.0340	0.182	0	0	1
	power_a	1.625	0.531	1	2	3
	power_s	0	0.445	-1.307	-0.0600	2.859
调节变量	*lici_db*	6.511	0.132	3.690	6.534	6.893
	indmakt	7.435	1.626	2.530	7.660	9.950
	inst	-2.416	1.285	-9.790	-2.189	0.551
	fund	0.0470	0.0730	0	0.0140	0.665
	un_pre	0.387	0.371	0	0.268	1

	变量	均值	标准差	最小值	中位数	最大值
控制变量	*cf*	0.0410	0.0820	- 0.762	0.0410	0.600
	sale	0.665	0.563	0.00100	0.541	9.072
	cash	0.207	0.156	0	0.162	0.993
	exp	0.0490	0.0320	0.00100	0.0440	0.585
	otac	0.0160	0.0290	0	0.00800	0.692

2. 高管权力指标

（1）所有权权力。反映所有权权力的主要指标有两个：第一大股东持股比例和股权制衡度。从表 5 - 4 可以看出，上市公司的股权集中和股权制衡情况差异非常显著，第一大股东持股比例最大值为89.41%，最小值为 3.621%，均值为 35.90%，标准差为 15.18；股权制衡度最大值为 63.32%，最小值为 0，均值为 22.66%，标准差为13.41，说明各公司的所有权安排显著不同，导致公司的高管所有权权力也具有显著差异。这也可以从哑变量积分生成的所有权权力指标 *power_c* 的描述性统计中体现出来，其最大值为 2，最小值为 0，均值为 1，标准差为 0.612，初步揭示高管所有权权力差异较为明显。

（2）组织权权力。反映组织权权力的主要指标有四个：董事长与总经理两职兼任，董事会规模，独立董事比例，监事会规模。两职兼任指标均值为 0.717，中位数为 1，说明 70% 以上的公司董事长与总经理都存在两职兼任情况，造成事实上高管权力高企。由于样本选取既包括普通 A 股上市公司，又包括中小板上市公司，因此董事会规模也具有显著差异，最大规模为 18 人，最小规模为 4 人，均值为 8.801 人，说明大部分公司的董事会规模处于最优规模之内。同样，独立董事比例、监事会规模在公司间也表现出显著差异性。哑变量积分综合生成的组织权权力 *power_o* 最大值为 3，最小值为 0，均值为 2.313，中位数为 3，说明大部分公司的高管具有较大的组织权权力。

（3）个人能力权力。反映个人能力权力的主要指标有四个：任职 CEO 年限，兼任董事的公司数量，内部晋升，政治资本情况。从整体情况看，四个指标具有显著差异性，其中，高管任职 CEO 年限最大为 19 年，最小为 1 年，均值为 4. 394。兼任董事的公司数量最多为 16 家，最少为 0 家，均值为 0. 631，中位数为 0，说明大部分高管没有在其他公司兼任董事。从政治资本的角度看，大部分高管不具有政治关联，只有 3. 4% 的高管具有政治资本。从内部晋升情况看，均值为 0. 254，证明多数高管不是内部晋升。综合生成的组织权权力 *power_a* 最大值为 3，最小值为 1，均值为 1. 625，说明大部分公司高管个人能力权力存在显著不同。

（4）高管权力。对以上每个指标进行主成分分析，综合生成的高管权力指标显示，不同公司间高管权力指标差异显著，最大值为 2. 859，最小值为 - 1. 307，均值为 0。

3. 调节变量

（1）内部控制质量。内部控制质量指标最大值为 6. 893，最小值为 3. 690，均值为 6. 511，说明各公司间内部控制质量是有差异的。

（2）市场化指数。市场化指数最大值为 9. 950，最小值为 2. 530，均值为 7. 435，说明各地区市场化发展是不均衡的。

（3）机构投资者情况。反映机构投资者情况的主要有三个指标：机构投资者持股数量，基金持股，机构投资者类型。从表 5 - 4 可以看出，机构投资者持股比例（取自然对数）最大值为 0. 551，最小值为 - 9. 790，均值为 - 2. 416，表现出显著的公司间差异。基金持股比例最大值为 66. 5% ，最小值为 0，均值为 4. 7% ，说明大部分公司都存在基金持股，持股比例较高。机构投资者中压力抵制型的占比最高为 100% ，最低为 0，均值为 38. 7% ，说明大部分机构投资者为压力敏感型的机构投资者。

5. 3. 2　高管权力影响投资效率的实证检验

根据上述设计的模型（5 - 2），对高管权力各维度及其代理变量与投资效率的关系进行回归分析，实证结果如下：

1. 高管所有权权力对投资效率的影响

高管所有权权力的测度主要是通过股权集中度（*top*1）和股权制衡度（*outsider*）这两个代理变量，以及由这两个代理变量的哑变量生成的高管所有权权力积分变量 *power_c* 衡量。通过这三个变量与投资效率的回归模型，验证假设 H2，实证结果见表 5 −5。

表 5 −5　　　　高管所有权权力对投资效率的回归分析

	(1) abs_inv	(2) abs_inv	(3) abs_inv	(4) abs_inv
常数项	0. 685 ***	0. 678 ***	0. 785 ***	0. 568 ***
	(17. 83)	(19. 68)	(17. 13)	(16. 84)
控制变量				
cf	− 0. 410 ***	− 0. 436 ***	− 0. 414 ***	− 0. 419 ***
	(−4. 24)	(−4. 51)	(−4. 31)	(−4. 35)
sale	− 0. 073 ***	− 0. 076 ***	− 0. 072 ***	− 0. 069 ***
	(−3. 48)	(−3. 49)	(−3. 43)	(−3. 26)
cash	0. 119 **	0. 161 ***	0. 178 ***	0. 163 ***
	(2. 24)	(2. 96)	(3. 26)	(3. 07)
exp	− 0. 391	− 0. 287	− 0. 412	− 0. 415
	(−1. 15)	(−0. 86)	(−1. 21)	(−1. 22)
otac	0. 545 *	0. 542 *	0. 388	0. 418
	(1. 82)	(1. 83)	(1. 30)	(1. 41)
自变量				
*top*1	− 0. 001 **		− 0. 002 ***	
	(−2. 42)		(−2. 98)	
outsider		− 0. 002 ***	− 0. 003 ***	
		(−3. 76)	(−5. 00)	

	(1) abs_inv	(2) abs_inv	(3) abs_inv	(4) abs_inv
power_c				0.072 *** (5.77)
year	控制	控制	控制	控制
N	7147	7147	7147	7147
F	4.974	5.455	6.009	7.140
r2_a	0.016	0.018	0.021	0.022

注：* 表示 $p < 0.1$，** 表示 $p < 0.05$，*** 表示 $p < 0.01$。

以股权集中度作为高管所有权权力代理变量，由表 5 - 5 回归方程（1）的结果可看出高管所有权权力与投资效率之间的关系，*top*1 的系数显著为负（$\alpha = -0.001$，$p < 0.05$），说明股权集中度与非效率投资呈负向关系，即随着第一大股东持股比例的增加，高管所有权权力受到制约，企业投资效率水平提高，假设 H2 - 1 通过验证。因此，用股权集中度 *top*1 作为代理变量表征高管所有权权力是有意义且可行的。

以股权制衡度作为高管组织权权力代理变量，表 5 - 5 回归方程（2）的结果展现了高管组织权权力与投资效率之间的关系，*outsider* 的系数为 - 0.002，且在 1% 的水平上显著相关，说明股权制衡度与非效率投资呈负向关系，即股权制衡度越增加，越能制约高管所有权权力，企业投资效率水平越高，假设 H2 - 2 得到验证。因此，用股权制衡度 *outsider* 作为代理变量表征高管所有权权力是合理的。

将上述两个代理变量同时放入模型（5 - 2），由表 5 - 5 回归方程（3）的结果可知，*top*1 的系数显著为负（$\alpha = -0.002$，$p < 0.01$）、*outsider* 的系数显著为负（$\alpha = -0.003$，$p < 0.01$），假设 H2 - 1、H2 - 2 进一步得到验证，说明股权集中程度、股权制衡程度都起到了制约高管所有权权力、抑制非效率投资的作用，可以作为高

管所有权权力的代理变量。

由以上两个代理变量的哑变量生成的高管所有权权力积分变量 *power_c* 对投资效率的影响，由表5-5回归方程（4）的结果可知，*power_c* 的系数为 0.072，且在 1% 的水平上显著相关。说明高管所有权权力与非效率投资正相关，即高管所有权权力越大，企业的非效率投资程度越高，假设 H2 通过验证。

2. 高管组织权权力对投资效率的影响

高管组织权权力的测度主要通过董事长与总经理两职兼任（*dural*）、董事会规模（*ndire*）、独立董事比例（*indepe*）和监事会规模（*nsuper*）这四个代理变量，以及由这四个代理变量的哑变量生成的高管组织权权力积分变量 *power_o* 衡量。通过这五个变量与投资效率的回归模型，验证假设 H3，具体实证结果见表5-6。

表5-6　　　　　　高管组织权权力对投资效率的回归分析

	（1）abs_inv	（2）abs_inv	（3）abs_inv	（4）abs_inv	（5）abs_inv
常数项	0.652 ***	0.811 ***	0.813 ***	0.707 ***	0.590 ***
	（-14.50）	（-14.87）	（-15.77）	（-16.32）	（-17.54）
控制变量					
cf	-0.422 ***	-0.388 ***	-0.399 ***	-0.406 ***	-0.383 ***
	（-4.30）	（-3.94）	（-4.06）	（-4.09）	（-3.95）
sale	-0.074 ***	-0.075 ***	-0.076 ***	-0.075 ***	-0.073 ***
	（-3.46）	（-3.48）	（-3.53）	（-3.52）	（-3.48）
cash	0.118 **	0.096 *	0.098 *	0.098 *	0.096 *
	（2.20）	（1.83）	（1.86）	（1.86）	（1.78）
exp	-0.33	-0.486	-0.486	-0.417	-0.395
	（-0.97）	（-1.44）	（-1.45）	（-1.24）	（-1.16）
otac	0.621 **	0.580 **	0.588 **	0.587 **	0.557 *
	（2.07）	（1.98）	（1.99）	（1.99）	（1.89）

续表

	（1） abs_inv	（2） abs_inv	（3） abs_inv	（4） abs_inv	（5） abs_inv
			自变量		
dural	− 0. 004 （ − 0. 23）				
ndire		− 0. 018 *** （ − 4. 02）			
indepe			− 0. 050 *** （ − 4. 40）		
nsuper				− 0. 016 ** （ − 2. 47）	
power_o					0. 029 *** （4. 00）
year	控制	控制	控制	控制	控制
N	7147	7147	7147	7147	7147
F	4. 56	5. 486	5. 754	5. 137	5. 647
r2_a	0. 015	0. 019	0. 019	0. 017	0. 018

注：* 表示 $p < 0.1$，** 表示 $p < 0.05$，*** 表示 $p < 0.01$。

　　董事长与总经理两职兼任作为高管组织权权力代理变量对投资效率的影响，由表 5 - 6 回归方程（1）的结果可知，*dural* 的系数为负但并不显著（$\alpha = -0.004$，$p > 0.1$），说明两职兼任与非效率投资不存在显著的相关关系，假设 H3 - 1 未通过检验，因此，用两职兼任作为代理变量表征高管组织权权力并不合理，因此，本书在积分生成高管组织权权力指标 *power_o* 以及主成分生成综合高管权力指标 *power_s* 时，将两职兼任指标剔除。

　　董事会规模作为高管组织权权力代理变量对投资效率的影响，由表 5 - 6 回归方程（2）的结果可知，*ndire* 的系数显著为负（$\alpha =$

-0.018，$p<0.01$），说明董事会规模与非效率投资存在显著的负相关关系，即董事会规模越大，越能更好地监督高管，制约高管权力，抑制企业非效率投资，假设 H3 - 2 通过检验。因此，用董事会规模作为代理变量表征高管组织权权力是合理的。

独立董事比例作为高管组织权权力代理变量对投资效率的影响，由表 5 - 6 回归方程（3）的结果可知，*indepe* 的系数显著为负（$\alpha = -0.05$，$p<0.01$），说明独立董事比例与非效率投资存在显著的负相关关系，即独立董事比例越高，越能更好地监督高管，制约高管权力，抑制企业非效率投资，假设 H3 - 3 得到验证。因此，用独立董事比例作为代理变量表征高管组织权权力是有意义的。

监事会规模作为高管组织权权力代理变量对投资效率的影响，由表 5 - 6 回归方程（4）的结果可知，*nsuper* 的系数显著为负（$\alpha = -0.016$，$p<0.05$），说明监事会规模与非效率投资存在显著的负相关关系，当监事会规模越大时，高管权力被制约，从而抑制了非效率投资行为，假设 H3 - 4 得到验证。因此，用监事会规模作为代理变量表征高管组织权权力是可行的。

由以上通过验证的三个代理变量的哑变量积分生成的高管所有权权力指标 *power_o*，其对投资效率的影响如表 5 - 6 回归方程（5）的结果所示。*power_o* 的系数显著为正（$\alpha = 0.029$，$p<0.01$），说明高管组织权权力与非效率投资正相关，即高管组织权权力越大，企业的投资效率越低，假设 H3 通过验证。

3. 高管个人能力权力对投资效率的影响

高管个人能力权力的测度主要是通过任职 CEO 年限、高管兼职、内部晋升、政治资本这四个代理变量，以及由这四个代理变量的哑变量生成的高管个人能力权力积分变量 *power_o* 衡量。通过这五个变量与投资效率的回归模型，验证假设 H4，具体实证结果见表 5 - 7。

表 5 – 7　　　　高管个人能力权力对投资效率的回归分析

	(1)	(2)	(3)	(4)	(5)	(6)	(7)
	abs_inv	abs_inv	abs_inv	abs_inv	abs_inv	abs_inv	abs_inv
常数项	0.654 ***	0.655 ***	0.649 ***	0.646 ***	0.665 ***	0.697 ***	0.529 ***
	(20.02)	(20.36)	(20.20)	(19.97)	(20.47)	(18.85)	(13.92)
控制变量							
cf	−0.420 ***	−0.408 ***	−0.422 ***	−0.420 ***	−0.402 ***	−0.417 ***	−0.389 ***
	(−4.32)	(−4.25)	(−4.37)	(−4.35)	(−4.20)	(−4.31)	(−4.03)
sale	−0.075 ***	−0.074 ***	−0.075 ***	−0.076 ***	−0.074 ***	−0.075 ***	−0.071 ***
	(−3.49)	(−3.50)	(−3.51)	(−3.55)	(−3.52)	(−3.50)	(−3.39)
cash	0.126 **	0.124 **	0.121 **	0.125 **	0.131 **	0.128 **	0.109 **
	(2.37)	(2.34)	(2.27)	(2.35)	(2.48)	(2.42)	(2.06)
exp	−0.299	−0.29	−0.328	−0.342	−0.293	−0.3	−0.439
	(−0.89)	(−0.87)	(−0.97)	(−1.01)	(−0.88)	(−0.89)	(−1.28)
otac	0.591 **	0.585 **	0.612 **	0.613 **	0.587 **	0.591 **	0.499 *
	(1.99)	(1.96)	(2.05)	(2.06)	(1.98)	(1.99)	(1.69)
自变量							
y_ceo	−0.031 **					−0.022 *	
	(−2.22)					(−1.69)	
d_other		−0.025 ***				−0.024 ***	
		(−5.68)				(−5.52)	
group			−0.023				
			(−1.32)				
fgo_dum				−0.108 ***	−0.105 ***		
				(−3.01)	(−2.97)		
power_a						−0.039 ***	
						(−3.08)	
power_s							0.027 ***
							(4.65)
year	控制	控制	控制	控制	控制	控制	控制

	(1) abs_inv	(2) abs_inv	(3) abs_inv	(4) abs_inv	(5) abs_inv	(6) abs_inv	(7) abs_inv
N	7147	7147	7147	7147	7147	7147	7147
F	5.103	7.303	4.812	5.22	7.114	5.463	5.983
$r2\_a$	0.016	0.019	0.016	0.017	0.021	0.017	0.019

注：* 表示 $p < 0.1$，** 表示 $p < 0.05$，*** 表示 $p < 0.01$。

CEO 任职年限作为个人能力权力代理变量对投资效率的影响，由表 5 – 7 回归方程（1）的结果可知，y_ceo 的系数为 – 0.031，且在 5% 的水平上显著相关，说明随着 CEO 任职年限的增长，高管对企业的影响力越强，高管的个人能力权力越大。此时，企业的非效率投资行为降低。假设 H4 – 1 通过检验，因此，用 CEO 任职年限作为代理变量表征高管个人能力权力是合理且可行的。

高管兼职作为个人能力权力代理变量对投资效率的影响，由表 5 – 7 回归方程（2）的结果可知，d_other 的系数显著为负（$\alpha = -0.025$，$p < 0.01$），说明高管兼职与非效率投资存在显著的负相关关系，即高管兼任董事的公司数量越多，高管对企业的影响力越强，个人能力权力越大，促进高管进行有效率投资，假设 H4 – 2 通过检验。因此，用高管兼职作为代理变量表征高管个人能力权力是有意义的。

高管内部晋升作为个人能力权力代理变量对投资效率的影响，结果如表 5 – 7 回归方程（3）的结果所示，$group$ 的系数为负但统计上并不显著，假设 H4 – 3 未通过检验。结果说明，用高管内部晋升作为代理变量表征高管个人能力权力是不科学的，在生成高管组织权权力积分变量 $power\_a$ 以及主成分生成综合高管权力指标 $power\_s$ 时，应将内部晋升指标剔除。

高管政治资本作为个人能力权力代理变量对投资效率的影响，由表 5 – 7 回归方程（4）的结果可知，fgo_dum 的系数显著为负（$\alpha = -0.108$，$p < 0.01$），高管政治资本与非效率投资存在显著的负相关关系，说明高管具有政治关联，企业的非效率投资程度越

低，投资效率越高，假设 H4 - 4 通过检验。因此，用高管具有政治资本作为代理变量表征高管个人能力权力是合理且可行的。

将上述三个代理变量同时放入模型（5 - 2），结果由表 5 - 7 回归方程（5）的结果可知，y_ceo 、d_other、fgo_dum 的系数皆为负，且至少在 10% 的水平上显著相关，假设 H4 - 1、H4 - 2、H4 - 4 进一步得到验证，说明 CEO 任职年限、外部兼职、政治资本都起到了抑制非效率投资的作用，可以作为高管个人能力权力的代理变量。

由以上通过验证的三个代理变量的哑变量生成高管个人能力权力积分变量 $power\_a$，其对投资效率的影响见表 5 - 7 回归方程（6）的结果，$power\_a$ 的系数显著为正（$\alpha = -0.039$，$p < 0.01$），说明高管个人能力权力与非效率投资负相关，即高管个人能力权力越大，越能抑制企业非效率投资，企业的投资效率越高，假设 H4 得到检验。

4. 高管权力对投资效率的影响

由以上通过验证的 8 个代理变量为基础进行主成分分析，根据主成分综合得分得到高管权力综合指标 $power\_s$，根据其与投资效率的回归模型（5 - 2），验证假设 H1，具体实证结果如表 5 - 7 中回归方程（7）所示。由回归结果可知，$power\_s$ 的系数显著为正（$\alpha = 0.027$，$p < 0.01$），说明高管权力与非效率投资存在显著的正相关关系，即高管权力越高，企业非效率投资水平越高，假设 H1 得到验证。

5.3.3　内部控制对高管权力与投资效率关系的调节效应检验

为了验证内部控制是否对高管权力与投资效率关系的具有调节效应，本书采用分层回归方法进行验证：第一步进行高管权力与投资效率的回归，即模型（5 - 2）的回归，前面部分已经处理完成，本部分不再赘述；第二步引入内部控制变量，进行与投资效率的回归分析，即模型（5 - 3）的处理部分；第三步引入内部控制与高管权力的交互项（$lici\_db \times power$）为自变量，运用模型（5 - 4）进行回归，回归结果如表 5 - 8 所示。

表 5 – 8　内部控制对高管权力与投资效率的影响回归分析

	(1)	(2)	(3)	(4)	(5)	(6)	(7)	(8)
	abs_inv	abs_inv	abs_inv	abs_inv	abs_inv	abs_inv	abs_inv	abs_inv
常数项	0.608*** (18.03)	0.596*** (17.69)	0.587*** (17.36)	0.581*** (17.28)	0.712*** (19.21)	0.712*** (16.82)	0.550*** (14.42)	0.546*** (14.46)
cf	-0.350*** (-3.62)	-0.332*** (-3.35)	-0.394*** (-4.08)	-0.375*** (-3.78)	-0.381*** (-3.95)	-0.381*** (-3.95)	-0.357*** (-3.71)	-0.332*** (-3.36)
$sale$	-0.069*** (-3.38)	-0.059*** (-3.02)	-0.067*** (-3.20)	-0.058*** (-2.88)	-0.071*** (-3.39)	-0.071*** (-3.39)	-0.068*** (-3.29)	-0.058*** (-2.94)
$cash$	0.101* (1.89)	0.135** (2.56)	0.168*** (3.17)	0.191*** (3.61)	0.133** (2.50)	0.133** (2.50)	0.114** (2.15)	0.146*** (2.80)
exp	-0.432 (-1.27)	-0.561 (-1.61)	-0.437 (-1.29)	-0.552 (-1.59)	-0.343 (-1.02)	-0.343 (-1.02)	-0.472 (-1.38)	-0.611* (-1.74)
$otac$	0.537* (1.83)	0.44 (1.47)	0.392 (1.32)	0.33 (1.09)	0.568* (1.93)	0.568* (1.93)	0.483 (1.64)	0.386 (1.28)
$power\_o$	0.028*** (3.83)	0.048** (2.44)						

控制变量

因变量

续表

	(1) abs_inv	(2) abs_inv	(3) abs_inv	(4) abs_inv	(5) abs_inv	(6) abs_inv	(7) abs_inv	(8) abs_inv
$power\_c$			0.069 *** (5.60)	0.072 ** (2.02)				
$power\_a$					-0.038 *** (-3.01)	-0.038 ** (-2.07)		
$power\_s$							0.026 *** (4.44)	0.025 *** (2.80)
调节变量								
$lici\_db$	-0.050 *** (-3.70)	-0.039 ** (-2.43)	-0.038 *** (-2.76)	-0.031 * (-1.82)	-0.052 *** (-3.87)	-0.053 (-1.27)	-0.048 *** (-3.59)	-0.034 ** (-2.08)
交互项								
$lici\_db \times power\_o$		-0.070 ** (-2.33)						
$lici\_db \times power\_c$				-0.103 * (-1.85)				
$lici\_db \times power\_a$						0.001 (0.03)		

续表

	(1) abs_inv	(2) abs_inv	(3) abs_inv	(4) abs_inv	(5) abs_inv	(6) abs_inv	(7) abs_inv	(8) abs_inv
lici_db × power_s								-0.036 ** (-2.57)
Year	控制	控制	控制	控制	控制	控制	控制	控制
N	7147	7147	7147	7147	7147	7147	7147	7147
F	6.412	6.516	7.279	6.933	6.207	5.768	6.614	6.709
r2_a	0.02	0.022	0.023	0.023	0.019	0.019	0.021	0.023

注：* 表示 $p<0.1$，** 表示 $p<0.05$，*** 表示 $p<0.01$。

表 5 - 8 中回归方程（1）和方程（2）分别验证了关于内部控制对高管组织权权力与投资效率关系的调节效应的两个过程，从回归方程（1）的结果可以看出，$lici\_db$ 的系数显著为负（$\alpha = -0.05$，$p < 0.01$），说明内部控制质量与企业非效率投资程度显著负相关。从回归方程（2）的结果可以看出，内部控制与高管所有权权力的交互项 $lici\_db \times power\_o$ 的系数为 -0.07，且在 5% 的水平上显著相关，说明内部控制在高管组织权权力与非效率投资的关系中具有负向调节作用，即内部控制质量越高，越能抑制高管组织权权力滥用导致的非效率投资，假设 H5 - 2 通过检验。

关于内部控制对高管所有权权力与投资效率关系的调节效应，表 5 - 8 中回归方程（3）和方程（4）分别验证了以上的两个过程。从回归方程（3）的结果可以看出，$lici\_db$ 的系数显著为负（$\alpha = -0.038$，$p < 0.01$），说明内部控制质量与企业非效率投资显著负相关，较好的内部控制能够抑制企业的非效率投资水平，进而提高企业投资效率。从回归方程（4）的结果可以看出，内部控制与高管所有权权力的交互项 $lici\_db \times power\_c$ 的系数为 -0.103，且在 10% 的水平上显著相关，说明内部控制在高管所有权权力与非效率投资的关系中具有负向调节作用，即较高的内部控制质量能抑制高管所有权权力滥用导致的非效率投资，假设 H5 - 1 通过检验。

表 5 - 8 中回归方程（5）和方程（6）分两步验证了关于内部控制对高管个人能力权力与投资效率关系的调节效应。从回归方程（5）的结果可以看出，$lici\_db$ 的系数显著为负（$\alpha = -0.052$，$p < 0.01$），说明内部控制质量与企业非效率投资显著负相关。从回归方程（6）的结果可以看出，内部控制与高管个人能力权力的交互项 $lici\_db \times power\_a$ 的系数为 0.001，但统计上并不显著，说明高质量的内部控制不能显著增强高管个人能力权力下的效率投资行为，假设 H5 - 3 未通过检验。

关于内部控制对高管权力与投资效率关系的调节效应，表 5 - 8 中回归方程（7）和方程（8）分两步进行了验证。结果发现，内部控制与高管权力的交互项 $lici\_db \times power\_s$ 的系数为 -0.036，且在 5% 的水平上显著，同样说明内部控制在高管权力与非效率投资的关系中具有负向调节作用，即内部控制质量越高，越能抑制高管权力与非效率投资的正向关系，假设 H5 通过检验。

综上所述，内部控制能够发挥治理作用，抑制高管权力的滥用，提高企业投资效率。其治理途径主要是抑制高管所有权权力和高管组织权力这两类正式权力滥用所致的非效率投资。由于产生投资低效率的主要原因是高管"代理人"行为所致的意愿性非效率投资，而不是高管"管家"行为中的操作性失误，所以，内部控制在增强高管个人能力权力对操作性非效率投资的抑制作用时，收效甚微。

5.3.4 外部制度环境对高管权力与投资效率关系的调节效应检验

1. 政府监管对高管权力与投资效率关系的影响

为了验证政府监管是否对高管权力与投资效率关系具有影响，按照企业产权性质，将样本分为政府监管强的国有企业、政府监管弱的非国有企业两组，运用模型（5-2）分组验证高管权力与投资效率的关系，实证结果如表5-9所示。

从表5-9可以看出，高管权力在两组样本中的回归系数依然显著，表明无论在政府监管强的国有企业还是在政府监管弱的非国有企业中，高管权力对非效率投资的影响普遍存在。其影响程度因产权性质的不同而不同。通过回归方程（1）和方程（2）的比较可以看出，相比国有企业组，非国有企业的高管组织权权力对非效率投资正向作用更强，投资的非效率程度更高，假设H6-2得到验证，即政府监管能够抑制高管组织权权力滥用所致的非效率投资。通过回归方程（3）和方程（4）的比较可以看出，国有企业组与非国有企业组的高管所有权权力对非效率投资正向作用无差别，假设H6-1未通过验证，即政府监管对高管所有权权力滥用所致的非效率作用不显著。通过回归方程（5）和方程（6）的比较可以看出，

表 5-9　政府监管对高管权力与投资效率的影响回归分析

	(1) abs_inv 国有	(2) abs_inv 非国有	(3) abs_inv 国有	(4) abs_inv 非国有	(5) abs_inv 国有	(6) abs_inv 非国有	(7) abs_inv 国有	(8) abs_inv 非国有
常数项	0.533***	0.632***	0.502***	0.633***	0.648***	0.751***	0.485***	0.568***
	(11.99)	(11.52)	(10.70)	(12.17)	(12.46)	(13.36)	(9.27)	(9.59)
控制变量								
cf	-0.529***	-0.348***	-0.550***	-0.371***	-0.554***	-0.374***	-0.535***	-0.353***
	(-3.67)	(-2.91)	(-3.82)	(-3.12)	(-3.85)	(-3.12)	(-3.71)	(-2.96)
$sale$	-0.053**	-0.093***	-0.051*	-0.085***	-0.055**	-0.094***	-0.052*	-0.090***
	(-2.00)	(-3.01)	(-1.87)	(-2.84)	(-2.10)	(-2.94)	(-1.93)	(-2.99)
$cash$	0.296***	0.054	0.321***	0.118**	0.320***	0.078	0.297***	0.07
	(2.62)	(0.90)	(2.82)	(1.97)	(2.8)	(1.3)	(2.63)	(1.18)
exp	0.123	-0.616*	0.2	-0.698**	0.258	-0.547*	0.121	-0.682**
	(0.16)	(-1.93)	(0.27)	(-2.19)	(0.35)	(-1.72)	(0.16)	(-2.13)
$otac$	-0.108	0.741**	-0.225	0.58	0.004	0.736**	-0.159	0.684*
	(-0.27)	(2.10)	(-0.55)	(1.63)	(0.01)	(2.07)	(-0.40)	(1.94)

续表

	(1)	(2)	(3)	(4)	(5)	(6)	(7)	(8)
	abs_inv	abs_inv	abs_inv	abs_inv	abs_inv	abs_inv	abs_inv	abs_inv
	国有	非国有	国有	非国有	国有	非国有	国有	非国有
因变量								
power_o	0.028**	0.032***						
	(2.39)	(3.43)						
power_c			0.072***	0.072***				
			(3.19)	(4.85)				
power_a					−0.052**	−0.034**		
					(−2.22)	(−2.41)		
power_s							0.023***	0.029***
							(2.62)	(4.02)
Year	控制	控制	控制	控制	控制	控制	控制	控制
N	2027	5120	2027	5120	2027	5120	2027	5120
F	3.117	4.748	3.99	5.39	3.472	4.141	3.233	5.003
r2_a	0.015	0.021	0.018	0.026	0.014	0.02	0.015	0.023

注：* 表示 $p < 0.1$，** 表示 $p < 0.05$，*** 表示 $p < 0.01$。

与非国有企业相比，国有企业中的高管个人能力权力对非效率投资负向作用更强，更能抑制非效率投资，假设 H6 – 3 得到验证，即政府监管有助于强化高管个人能力权力下的效率投资行为。回归方程（7）和方程（8）的结果显示，与国有企业组相比，非国有企业中高管权力与非效率投资的正相关关系更强，投资的非效率程度更高，假设 H6 通过验证，政府监管能够缓解高管权力对非效率投资的正向影响。

综上所述，政府监管能够监督约束高管权力的滥用，提高企业投资效率。其主要是通过抑制高管组织权权力滥用所致的非效率投资、增强高管个人能力权力下的效率投资来发挥治理作用。政府监管对高管所有权权力滥用所致的非效率投资治理作用失效，究其原因是企业所有权安排主要通过市场机制进行配置，而不是通过政府来配置，所以对来源于所有权安排的高管所有权权力，政府监管不能发挥治理作用。

2. 区域市场环境对高管权力与投资效率关系的影响

关于区域市场环境对高管权力与非效率投资关系的调节效应，回归结果如表 5 – 10 所示。

表 5 – 10 中回归方程（1）和方程（2）则分两步验证了关于区域市场环境对高管组织权权力与投资效率关系的调节效应。实证结果表明，区域市场环境与高管所有权权力的交互项 $ind\_makt \times power\_o$ 的系数为负但不显著（$\alpha = -0.004$，$p > 0.1$），说明区域市场环境在高管组织权权力与非效率投资的关系中不具有调节作用，即市场化水平不能抑制高管组织权权力滥用所致的非效率投资，假设 H7 – 2 未通过检验。

表 5 – 10 展示了区域市场环境对高管所有权权力与投资效率关系的调节效应。根据回归方程（3）和方程（4）可知，区域市场环境与高管所有权权力的交互项 $ind\_makt \times power\_c$ 的系数为 – 0.018，且在 1% 的水平上显著相关，说明区域市场环境在高管所有权权力与非效率投资的关系中具有负向调节作用，即市场化程度

表 5-10　区域市场环境对高管权力与投资效率的影响回归分析

	(1) abs_inv	(2) abs_inv	(3) abs_inv	(4) abs_inv	(5) abs_inv	(6) abs_inv	(7) abs_inv	(8) abs_inv
常数项	0.642*** (19.27)	0.643*** (19.29)	0.631*** (19.15)	0.631*** (19.11)	0.621*** (18.71)	0.621*** (18.68)	0.647*** (19.37)	0.649*** (19.40)
控制变量								
cf	−0.382*** (−3.95)	−0.383*** (−3.96)	−0.421*** (−4.37)	−0.422*** (−4.40)	−0.420*** (−4.34)	−0.420*** (−4.35)	−0.391*** (−4.05)	−0.391*** (−4.06)
sale	−0.071*** (−3.36)	−0.071*** (−3.35)	−0.068*** (−3.21)	−0.068*** (−3.19)	−0.074*** (−3.42)	−0.074*** (−3.42)	−0.069*** (−3.28)	−0.068*** (−3.26)
cash	0.111** (2.05)	0.113** (2.09)	0.172*** (3.18)	0.171*** (3.16)	0.141*** (2.62)	0.141*** (2.63)	0.125** (2.33)	0.125** (2.34)
exp	−0.383 (−1.13)	−0.376 (−1.11)	−0.402 (−1.19)	−0.397 (−1.17)	−0.286 (−0.85)	−0.288 (−0.86)	−0.426 (−1.24)	−0.412 (−1.20)
otac	0.511* (1.72)	0.493* (1.66)	0.402 (1.35)	0.35 (1.16)	0.561* (1.88)	0.558* (1.87)	0.458 (1.54)	0.429 (1.44)
自变量								
power_o	0.032*** (4.28)	0.031*** (4.02)						

续表

	(1) abs_inv	(2) abs_inv	(3) abs_inv	(4) abs_inv	(5) abs_inv	(6) abs_inv	(7) abs_inv	(8) abs_inv
power_c		-0.013*** (-2.64)	0.070*** (5.7)	0.069*** (5.69)				
power_a					-0.038*** (-2.98)	-0.038*** (-2.95)		
power_s							0.028*** (4.77)	0.026*** (4.48)
调节变量								
ind_makt	-0.013*** (-2.61)		-0.006 (-1.38)	-0.006 (-1.28)	-0.009* (-1.90)	-0.009* (-1.90)	-0.011** (-2.37)	-0.012** (-2.41)
交互项								
ind_makt × power_o		-0.004 (-1.14)						
ind_makt × power_c				-0.018*** (-2.60)				
ind_makt × power_a						0.004 (0.54)		

续表

	(1)	(2)	(3)	(4)	(5)	(6)	(7)	(8)
	abs_inv	abs_inv	abs_inv	abs_inv	abs_inv	abs_inv	abs_inv	abs_inv
ind_makt × power_s								−0.005* (−1.67)
Year	控制	控制	控制	控制	控制	控制	控制	控制
N	7147	7147	7147	7147	7147	7147	7147	7147
F	5.639	5.307	6.638	6.267	5.328	4.964	5.802	5.46
r2_a	0.019	0.019	0.022	0.023	0.017	0.017	0.02	0.021

注：* 表示 $p < 0.1$，** 表示 $p < 0.05$，*** 表示 $p < 0.01$。

越高，越能抑制高管所有权权力滥用所致的非效率投资，假设
H7 - 1通过检验。

表 5 - 10 中回归方程（5）和方程（6）分两步验证了关于区
域市场环境对高管个人能力权力与投资效率关系的调节效应，实证
结果表明，区域市场环境与高管所有权权力的交互项 $ind\_makt \times$
$power\_a$ 的系数为正但不显著（$\alpha = 0.004$，$p > 0.1$），说明区域市场
环境在高管个人能力权力与非效率投资的关系中不具有调节作用，
假设 H7 - 3 未通过检验。

关于区域市场环境对高管权力与投资效率关系的调节效应，
表 5 - 10 中回归方程（7）和方程（8）分两步进行了验证。实证结
果表明，区域市场环境与高管权力的交互项 $ind\_makt \times power\_s$ 的系
数显著为负（$\alpha = -0.005$，$p < 0.1$），说明区域市场环境在高管权
力与非效率投资的关系中具有负向调节作用，即市场化程度越高，
越能抑制高管权力对非效率投资的正向影响，假设 H7 通过检验。

上述结论证明区域市场环境能够发挥一定的治理作用，监督制
约高管权力，提高企业投资效率。其治理作用的发挥主要是通过抑制
高管所有权权力滥用取得的。因为市场是进行企业所有权配置的主要
机制，塑造和制约了源自所有权安排的高管所有权权力，因而市场
环境治理的主要途径是监督高管所有权权力的滥用，提高投资效率。这
一点在表 5 - 9 中也得到了佐证。而对于源自组织结构的高管权力，
市场环境不具有直接影响，治理效果不显著。最后，由于经理人市场
的不健全，使得市场环境对高管个人能力权力的治理作用失效。

3. 机构投资者特征对高管权力与投资效率关系的影响

（1）机构投资者持股比例对高管权力与投资效率关系的影响。
关于机构投资者持股对高管权力与非效率投资关系的调节作用，具
体回归结果如表 5 - 11 所示。

回归方程（1）、方程（3）、方程（5）、方程（7）是在前述研
究的基础上加入了机构投资者持股比例。结果显示，同前述的结论
一致，不同维度的高管权力对企业的非效率投资有显著影响。

表 5 - 11　机构投资者持股比例对高管权力与投资效率关系的影响回归分析

	(1)	(2)	(3)	(4)	(5)	(6)	(7)	(8)
	abs_inv	abs_inv	abs_inv	abs_inv	abs_inv	abs_inv	abs_inv	abs_inv
常数项	0.632 ***	0.597 ***	0.615 ***	0.563 ***	0.609 ***	0.609 ***	0.636 ***	0.634 ***
	(18.86)	(25.16)	(18.70)	(14.38)	(18.26)	(18.26)	(18.91)	(18.95)
cf	-0.369 ***	-0.379 ***	-0.408 ***	-0.430 **	-0.407 ***	-0.407 ***	-0.375 ***	-0.375 ***
	(-3.71)	(-3.04)	(-4.14)	(-2.21)	(-4.11)	(-4.11)	(-3.80)	(-3.80)
sale	-0.072 ***	-0.072 ***	-0.069 ***	-0.077 ***	-0.074 ***	-0.074 ***	-0.070 ***	-0.069 ***
	(-3.18)	(-3.18)	(-3.02)	(-3.27)	(-3.19)	(-3.19)	(-3.11)	(-3.10)
cash	0.109 **	0.077	0.170 ***	0.025	0.142 ***	0.142 ***	0.121 **	0.119 **
	(1.99)	(1.50)	(3.10)	(0.30)	(2.61)	(2.61)	(2.25)	(2.21)
exp	-0.393	-0.607 **	-0.406	0.151	-0.299	-0.299	-0.437	-0.437
	(-1.12)	(-2.26)	(-1.17)	(-0.31)	(-0.87)	(-0.87)	(-1.24)	(-1.24)
otac	0.349	0.613 *	0.226	0.211	0.388	0.388	0.29	0.282
	(1.16)	(1.81)	(0.75)	(0.28)	(1.28)	(1.28)	(0.97)	(0.94)
power_o	0.030 ***	0.030 ***						
	(4.06)	(3.80)						

（中部：控制变量）　（底部：因变量）

续表

	(1)	(2)	(3)	(4)	(5)	(6)	(7)	(8)
	abs_inv	abs_inv	abs_inv	abs_inv	abs_inv	abs_inv	abs_inv	abs_inv
power_c			0.065***	0.084***				
			(5.08)	(3.46)				
power_a					−0.033**	−0.033**		
					(−2.51)	(−2.51)		
power_s							0.027***	0.027***
							(4.59)	(4.66)
调节变量								
inst	−0.011*	−0.008	−0.008	−0.008	−0.012*	−0.012*	−0.010	−0.009
	(−1.73)	(−1.26)	(−1.15)	(−0.75)	(−1.79)	(−1.79)	(−1.50)	(−1.46)
交互项								
inst × *power_o*		−0.012*						
		(−1.77)						
Inst × *power_c*				−0.043**				
				(−2.07)				
inst × *power_a*						−0.002		
						(−0.18)		

续表

	(1) abs_inv	(2) abs_inv	(3) abs_inv	(4) abs_inv	(5) abs_inv	(6) abs_inv	(7) abs_inv	(8) abs_inv
inst × power_s								-0.009*
								(-1.74)
Year	控制	控制	控制	控制	控制	控制	控制	控制
N	7147	7147	7147	7147	7147	7147	7147	7147
F	4.767	7.705	5.47	4.402	4.546	4.223	4.874	4.582
r2_a	0.018	0.019	0.02	0.032	0.016	0.015	0.019	0.019

注：* 表示 $p < 0.1$，** 表示 $p < 0.05$，*** 表示 $p < 0.01$。

回归方程（4）是在方程（3）的基础上加入了交互项 $Inst \times power\_c$，系数为 -0.043，在 5% 的水平上显著。说明机构投资者持股比例每增加 1%，则高管所有权权力对非效率投资的影响降低 -0.043。机构投资者持股在高管所有权权力与非效率投资的关系中具有负向调节作用，假设 H8 - 1 通过检验。

回归方程（2）是在方程（1）的基础上加入了交互项 $Inst \times power\_o$，系数为 -0.012，在 10% 的水平上显著。说明机构投资者持股比例每增加 1%，则高管组织权权力对非效率投资的影响降低 -0.012。机构投资者在高管组织权权力与非效率投资的关系中具有负向调节作用，假设 H8 - 2 通过检验。

回归方程（6）是在方程（5）的基础上加入了交互项 $Inst \times power\_a$，系数为 -0.002，数值较小，在经济和统计上都是不显著的。这表明，机构投资者持股对于高管个人能力权力与非效率投资的影响并不能发挥调节作用。这可能归因于个人能力作为个体的内生变量，几乎不受机构投资者的监督等外部因素的影响。因此，假设 H8 - 3 并没有通过检验。

$power\_s$ 综合了高管权力前三个维度的大部分特征。因此，在方程（7）的基础上加入了交互项 $Inst \times power\_s$ 进行回归。观察表 5 - 11 中回归方程（8）的结果可知，交互项的系数为 -0.009，在 10% 的水平上显著。数值虽小，但统计上显著。机构投资者持股比例在高管权力与非效率投资的关系中具有负向调节作用，假设 H8 通过检验。

总之，机构投资者能够发挥治理作用，通过抑制高管权力对非效率投资的影响，从而提高企业投资效率。其治理作用的发挥主要是通过抑制高管所有权权力和组织权权力滥用导致的非效率投资取得的。由于机构投资者对基于个人能力的高管权力不具有直接的影响，所以其对高管个人能力权力的监督激励效果不明显。

（2）机构投资者持股结构对高管权力与投资效率关系的影响。采用分层回归方法验证机构投资者持股结构是否对高管权力与投资效率关系的具有调节效应，回归结果如表 5 - 12 所示。

表5—12　机构投资者持股结构对高管权力与投资效率关系的影响回归分析

	(1)	(2)	(3)	(4)	(5)	(6)	(7)	(8)
	abs_inv	abs_inv	abs_inv	abs_inv	abs_inv	abs_inv	abs_inv	abs_inv
常数项	0.606***	0.595***	0.583***	0.574***	0.705***	0.692***	0.545***	0.536***
	(18.13)	(17.83)	(17.39)	(17.14)	(19.18)	(18.90)	(14.46)	(14.24)
cf	-0.338***	-0.332***	-0.373***	-0.361***	-0.370***	-0.363***	-0.342***	-0.334***
	(-3.47)	(-3.42)	(-3.86)	(-3.75)	(-3.82)	(-3.76)	(-3.53)	(-3.47)
sale	-0.071***	-0.071***	-0.067***	-0.068***	-0.073***	-0.074***	-0.069***	-0.070***
	(-3.49)	(-3.47)	(-3.26)	(-3.25)	(-3.50)	(-3.51)	(-3.40)	(-3.39)
cash	0.111**	0.118**	0.177***	0.182***	0.142***	0.147***	0.124**	0.132**
	(2.1)	(2.23)	(3.34)	(3.47)	(2.70)	(2.81)	(2.36)	(2.53)
exp	-0.364	-0.378	-0.385	-0.424	-0.274	-0.3	-0.408	-0.431
	(-1.08)	(-1.12)	(-1.15)	(-1.26)	(-0.83)	(-0.90)	(-1.20)	(-1.27)
otac	0.552*	0.530*	0.415	0.358	0.585*	0.567*	0.495*	0.464
	(1.88)	(1.82)	(1.40)	(1.22)	(1.98)	(1.92)	(1.68)	(1.59)
power_o	0.028***	0.037***						
	(3.83)	(4.60)						

控制变量

因变量

续表

	(1) abs_inv	(2) abs_inv	(3) abs_inv	(4) abs_inv	(5) abs_inv	(6) abs_inv	(7) abs_inv	(8) abs_inv
power_c			0.070*** (5.66)	0.094*** (6.47)				
power_a					-0.036*** (-2.84)	-0.017 (-1.21)		
power_s							0.026*** (4.57)	0.031*** (5.22)
调节变量								
fund	-0.391*** (-4.75)	-0.207** (-2.22)	-0.386*** (-4.73)	-0.155* (-1.69)	-0.393*** (-4.81)	-0.153* (-1.65)	-0.395*** (-4.80)	-0.149 (-1.56)
交互项								
fund × power_o		-0.019*** (-3.23)						
fund × power_c				-0.056*** (-4.27)				
fund × power_a						-0.035*** (-4.11)		

续表

	(1)	(2)	(3)	(4)	(5)	(6)	(7)	(8)
	abs_inv	abs_inv	abs_inv	abs_inv	abs_inv	abs_inv	abs_inv	abs_inv
fund × power_s								−0.012*** (−4.00)
Year	控制	控制	控制	控制	控制	控制	控制	控制
N	7147	7147	7147	7147	7147	7147	7147	7147
F	7.202	6.845	8.289	8.099	7.101	7.091	7.455	7.242
r2_a	0.021	0.022	0.025	0.027	0.02	0.022	0.022	0.024

注：* 表示 $p<0.1$，** 表示 $p<0.05$，*** 表示 $p<0.01$。

关于基金对高管组织权权力与投资效率关系的调节效应，表5-12中回归方程（1）和方程（2）分两步进行了验证，实证结果证明，基金持股比例与高管组织权权力的交互项 $fund \times power\_o$ 的系数显著为负（$\alpha = -0.019$，$p < 0.01$），说明基金在高管组织权权力与非效率投资的关系中具有负向调节作用，即基金持股比例越高，越能抑制高管组织权权力滥用导致的非效率，假设 H9-2 通过检验。

根据机构投资者持股结构，将机构投资者分为基金和非基金。关于基金对高管所有权权力与投资效率关系的调节效应，表5-12中回归方程（3）和方程（4）分两步进行了验证。实证结果显示，基金持股比例与高管所有权权力的交互项 $fund \times power\_c$ 的系数显著为负（$\alpha = -0.056$，$p < 0.01$），说明基金在高管所有权权力与非效率投资的关系中具有负向调节作用，即基金持股比例越高，越能抑制高管所有权权力滥用所致的非效率投资，假设 H9-1 通过检验。

表5-12中回归方程（5）和方程（6）分两步验证了关于基金对高管个人能力权力与投资效率关系的调节效应。根据回归（6）的实证结果，虽然基金持股比例与高管个人能力权力的交互项 $fund \times power\_a$ 的系数显著为负（$\alpha = -0.035$，$p < 0.01$），但高管个人能力权力 $power$ 的主效应回归系数不显著（$\alpha = -0.017$，$p > 0.1$），证明基金持股对高管个人能力权力的调节效应不存在，假设 H9-3 没有通过检验。这可能归因于个人能力作为高管个体的内生变量，几乎不受机构投资者的监督等外部因素的影响。

表5-12中回归方程（7）和方程（8）分两步验证了基金型投资者对高管权力与投资效率关系的调节效应，实证结果表明，基金持股比例与高管权力的交互项 $fund \times power\_s$ 的系数显著为负（$\alpha = -0.012$，$p < 0.01$），说明基金在高管权力与非效率投资的关系中具有负向调节作用，即基金持股比例越高，越能抑制高管权力与非效率投资的正向关系，从而提高企业投资效率，假设 H9 通过检验。

总之，基金投资者的治理作用主要是通过抑制高管所有权权力和组织权权力滥用导致的非效率投资起效的。对具有高管个人内生性的高管个人能力权力，基金型投资者不具有直接的影响，所以其对高管个人能力权力的监督激励效果不明显。

（3）机构投资者类型对高管权力与投资效率关系的影响。为了检验压力抵制型机构投资者的调节作用，依旧采用分层回归方法进行回归分析，具体的结果如表5–13所示。

回归方程（1）中同时包含了高管组织权权力和压力抵制型持股比例，结果证明，高管组织权权力与非效率投资呈显著正相关关系，同样，压力抵制型持股比例对非效率投资起着抵制作用。回归方程（2）是在方程（1）的基础上加入了交互项 $Inst \times power\_o$，系数为 -0.014，在5%的水平上显著。说明机构投资者持股比例每增加1%，则高管组织权权力对非效率投资的正向影响降低 -0.014。即压力抵制型在高管组织权权力与非效率投资的关系中具有负向调节作用，假设 H10–2 通过检验。

回归方程（3）中同时包含了所有权权力和压力抵制型持股比例，通过表5–13可知，所有权权力与非效率投资呈显著正相关关系，压力抵制型持股比例则对非效率投资起着抵制作用。在方程（3）的基础上加入了交互项 $un\_pre \times power\_c$，回归方程（4）中显示，交互项系数为 -0.046，在1%的水平上显著。说明压力抑制型持股比例每增加1%，则高管所有权权力对非效率投资的正向影响降低 -0.046。即压力抵制型在高管所有权权力与非效率投资的关系中具有负向调节作用，假设 H10–1 通过检验。

表5–13中回归方程（5）和方程（6）两次检验了压力抵制型持股比例对高管个人能力权力与非效率投资影响的调节作用。回归方程（6）是在方程（5）的基础上加入了压力抵制型持股与个人能力权力的交互项 $Inst \times power\_a$，系数为 -0.022，并且在1%的水平上显著。这表明，此时压力抵制型持股比例与高管权力起着互补效应，共同抑制企业的非效率投资。因此，假设 H10–3 通过检验。

关于压力抵制型持股比例对高管权力与投资效率关系的调节效

表 5－13　　　　机构投资者类型对高管权力与投资效率关系的影响回归分析

	(1)	(2)	(3)	(4)	(5)	(6)	(7)	(8)
	abs_inv	abs_inv	abs_inv	abs_inv	abs_inv	abs_inv	abs_inv	abs_inv
常数项	0.591 ***	0.589 ***	0.570 ***	0.569 ***	0.689 ***	0.694 ***	0.530 ***	0.527 ***
	(17.08)	(17.53)	(16.43)	(16.91)	(18.33)	(18.81)	(13.68)	(13.90)
cf	−0.327 ***	−0.366 ***	−0.360 ***	−0.391 ***	−0.363 ***	−0.398 ***	−0.329 ***	−0.365 ***
	(−3.47)	(−3.80)	(−3.85)	(−4.08)	(−3.86)	(−4.15)	(−3.51)	(−3.81)
sale	−0.071 ***	−0.074 ***	−0.067 ***	−0.070 ***	−0.073 ***	−0.075 ***	−0.069 ***	−0.071 ***
	(−3.32)	(−3.50)	(−3.11)	(−3.30)	(−3.34)	(−3.51)	(−3.23)	(−3.41)
cash	0.118 **	0.101 *	0.183 ***	0.168 ***	0.149 ***	0.131 **	0.131 **	0.114 **
	(2.2)	(1.89)	(3.42)	(3.18)	(2.78)	(2.49)	(2.47)	(2.18)
exp	−0.306	−0.384	−0.326	−0.415	−0.215	−0.287	−0.352	−0.428
	(−0.90)	(−1.13)	(−0.96)	(−1.24)	(−0.64)	(−0.86)	(−1.03)	(−1.25)
otac	0.540 *	0.545 *	0.412	0.392	0.575 *	0.587 **	0.485	0.484 *
	(1.73)	(1.86)	(1.31)	(1.33)	(1.83)	(1.98)	(1.55)	(1.65)
power_o	0.028 ***	0.036 ***						
	(3.88)	(4.58)						

控制变量

因变量

续表

	(1)	(2)	(3)	(4)	(5)	(6)	(7)	(8)
	abs_inv	abs_inv	abs_inv	abs_inv	abs_inv	abs_inv	abs_inv	abs_inv
power_c			0.069*** (5.60)	0.093*** (6.53)				
power_a					-0.034*** (-2.66)	-0.026* (-1.94)		
power_s							0.027*** (4.66)	0.031*** (5.27)
调节变量								
un_pre	-0.069*** (-3.60)		-0.071*** (-3.74)		-0.068*** (-3.53)		-0.071*** (-3.73)	
交互项								
un_pre × power_o		-0.014** (-2.55)						
un_pre × power_c				-0.046*** (-3.81)				
un_pre × power_a						-0.022*** (-3.00)		

续表

	(1) abs_inv	(2) abs_inv	(3) abs_inv	(4) abs_inv	(5) abs_inv	(6) abs_inv	(7) abs_inv	(8) abs_inv
$un\_pre \times power\_s$								-0.009*** (-3.29)
$Year$	控制	控制	控制	控制	控制	控制	控制	控制
N	7147	7147	7147	7147	7147	7147	7147	7147
F	5.805	5.47	6.955	7.077	5.481	5.512	6.138	6.012
$r2\_a$	0.019	0.019	0.023	0.025	0.018	0.018	0.02	0.021

注：* 表示 $p < 0.1$，** 表示 $p < 0.05$，*** 表示 $p < 0.01$。

应，表5-13中回归方程（7）和方程（8）分两步进行了验证。观察回归方程（8）的结果可知，交互项的系数为-0.009，在1%的水平上显著。数值虽小，但统计上显著。证明了压力抵制型持股比例在高管权力与非效率投资的关系中具有负向调节作用，假设H10通过检验。

总之，压力抵制型机构投资者的治理机制主要是通过抑制高管所有权权力和组织权权力滥用导致的非效率投资，以及增强个人能力权力导致的效率投资发挥作用的。

5.4 稳健性检验

为了增加本书研究结果的可靠性，主要采用变更样本容量，双样本检验和倾向得分匹配（psm）的方法对上述回归结果进行稳健性测试。

5.4.1 变更样本容量

本书将非效率投资的绝对值从小到大进行排列，选取后50%作为样本，对本书的主要模型重新进行回归。选取非效率投资程度较大的样本，可以更好地检测出高管权力对非效率投资的影响，以及内部控制、政府监管、区域市场环境、机构投资者的持股特征等调节变量对其二者的调节作用。

表5-14显示了样本变更后的回归结果，回归方程（1）检验了高管权力对企业非效率投资的影响，与前述结论一致，高管权力与企业非效率投资行为呈显著正相关。回归方程（2）至方程（7）则分别检验了内部控制、政府监管、区域市场环境、机构投资者持股比例、基金持股比例以及机构投资者类型的调节作用，可以发现交互项的系数为负，且至少在10%的水平上显著，这意味着，这些调节变量对高管权力与企业非效率投资的关系起负向调节作用，表明前述的结论是稳健的。

（第 5 章　实证设计与检验）

表 5 – 14　变更样本后的稳健性检验

	(1) abs_inv	(2) abs_inv	(3) abs_inv	(4) abs_inv	(5) abs_inv	(6) abs_inv	(7) abs_inv
常数项	28.960***	30.493***	26.240**	24.049**	26.679***	28.425***	29.255***
	(3.07)	(3.30)	(2.43)	(2.37)	(2.71)	(3.02)	(3.11)
控制变量							
cf	-0.315***	-0.291***	-0.322***	-0.311***	-0.284**	-0.258**	-0.296***
	(-2.94)	(-2.67)	(-2.99)	(-2.90)	(-2.57)	(-2.40)	(-2.76)
sale	-0.073***	-0.058***	-0.073***	-0.071***	-0.071***	-0.072***	-0.074***
	(-4.72)	(-3.78)	(-4.73)	(-4.58)	(-4.29)	(-4.64)	(-4.79)
cash	0.065	0.114**	0.071	0.075	0.087	0.093*	0.069
	(1.16)	(2.04)	(1.24)	(1.32)	(1.49)	(1.65)	(1.22)
exp	-0.347	-0.548*	-0.349	-0.32	-0.368	-0.319	-0.329
	(-1.26)	(-1.90)	(-1.26)	(-1.16)	(-1.27)	(-1.16)	(-1.19)
otac	0.982***	0.785**	1.000***	0.926***	0.770**	0.939***	0.971***
	(3.41)	(2.69)	(3.47)	(3.20)	(2.40)	(3.27)	(3.37)
因变量							
power_s	0.020***	0.245**	0.030***	0.018**	0.021***	0.026***	0.024***
	(2.81)	(2.19)	(3.33)	(2.46)	(2.79)	(3.49)	(3.27)

续表

	(1) abs_inv	(2) abs_inv	(3) abs_inv	(4) abs_inv	(5) abs_inv	(6) abs_inv	(7) abs_inv
调节变量							
lici_db		−0.034 (−1.56)					
ctrl_dum			0.135* (1.82)				
ind_makt				−0.006 (−1.12)			
inst					−0.018*** (−2.65)		
fund						−0.172 (−1.11)	
交互项							
power_s × lici_db		−0.035** (−2.05)					
power_s × ctrl_dum			−0.026* (−1.74)				

续表

	(1) abs_inv	(2) abs_inv	(3) abs_inv	(4) abs_inv	(5) abs_inv	(6) abs_inv	(7) abs_inv
power_s × ind_makt				-0.007* (-1.87)			
power_s × inst					-0.015*** (-2.77)		
power_s × fund						-0.016*** (-3.91)	
power_s × un_pre							-0.008** (-2.36)
year	控制	控制	控制	控制	控制	控制	控制
N	3573	3573	3573	3573	3573	3573	3573
F	10.49	9.283	8.529	8.703	8.56	11.928	9.887
r2_a	0.018	0.021	0.019	0.019	0.02	0.027	0.02

注：* 表示 $p<0.1$，** 表示 $p<0.05$，*** 表示 $p<0.01$。

5.4.2　双样本检验

为了更清晰地展示高管权力对非效率投资的影响以及各个调节变量的调节作用，我们进一步进行了双样本 t 检验。

首先，将高管权力按照中位数进行分组，前 50% 定义为高权权力较大组，后 50% 则为高管权力较小组。通过表 5 – 15 可以看出，高管权力较大的企业非效率投资的平均值显著大于高管权力较小组，与前述的结论一致，即高管权力越大，企业越容易出现非效率投资。

其次，为了检验内部控制的调节作用，使用相同的方法将其分为两组，IC 等于 0 表明该组企业内部控制质量较低，IC 等于 1 则表明该组企业内部控制质量较高。表 5 – 15 表明，无论内部控制质量如何，高管权力较大组的非效率投资程度都高。在高管权力较高组，内部控制质量较高的企业非效率投资的平均值比内控质量较低组低 0.0775，且在 1% 的水平上显著。由此可以看出内部控制可以抑制高管权力对企业投资效率的正向影响。在高管权力较低组，可以得到相同的结论。为了验证政府监管的调节作用，本书将企业分为政府监管强的国有企业和政府监管弱的非国有企业，1 代表国有企业，0 则代表非国有企业。表中的结果显示，当高管权力较小时，国有企业的非效率投资程度较高，但差异在经济和统计上都不显著；而当高管权力较大时，相对于非国有企业，国有企业对非效率投资具有抑制作用，结果也并不显著，可能是由于样本量差异较大引起的。将市场化指数以上述相同的方式进行处理检验其调节作用，可以发现，无论是高管权力较低组还是较高组，市场化指数都表现出对高管权力与投资效率影响的调节作用。其中，当高管权力受到约束时，市场化指数较高的企业非效率投资降低 0.0255，且在 10% 的水平上显著。当高管权力较大时，市场化指数较高的企业非效率投资降低 0.0539，且在 5% 的水平上显著。企业的非效率投资情况在不同的市场中表现出显著的差异，因此可以再次证明市场化指数对高管权力与投资效率之间的关系呈负向调节作用。

表 5—15　　　　双样本 t 检验

	Group	Obs	mean	diff	t	sig. (2_tailed)	[95% Conf. Interval]	
power_s <50%		4497	0.5220	−0.0710 ***	−5.5980	0.0000	−0.0950	−0.0460
power_s >50%		2650	0.5930					
power_s <50%	IC = 0	2086	0.5637	0.0775 ***	5.2914	0.0000	0.0488	0.1062
	IC = 1	2411	0.4862					
power_s >50%	IC = 0	1406	0.6111	0.0389 *	1.8007	0.0719	−0.0035	0.0812
	IC = 1	1244	0.5722					
power_s <50%	Ctrl_dum = 0	2958	0.5206	−0.0044	−0.2864	0.7746	−0.0347	0.0259
	Ctrl_dum = 1	1539	0.5251					
power_s >50%	Ctrl_dum = 0	2162	0.5966	0.0202	0.7262	0.0278	−0.0344	0.0748
	Ctrl_dum = 1	488	0.5764					
power_s <50%	Ind_market = 0	2401	0.5340	0.0255 *	1.7397	0.0820	−0.0032	0.0543
	Ind_market = 1	2096	0.5085					
power_s >50%	Ind_market = 0	1189	0.6226	0.0538 **	2.4859	0.0130	0.0114	0.0963
	Ind_market = 1	1461	0.5687					
power_s <50%	Inst = 0	2130	0.5354	0.0253 *	1.7226	0.0850	−0.0035	0.0540
	Inst = 1	2367	0.5102					

147

续表

Group		Obs	mean	diff	t	sig. (2_tailed)	[95% Conf. Interval]	
power_s > 50%	Inst = 0	1444	0.5928	-0.0003	-0.0120	0.9904	-0.0427	0.0422
	Inst = 1	1206	0.5930					
power_s < 50%	Fund = 0	2167	0.5594	0.0718***	4.9108	0.0000	0.0431	0.1005
	Fund = 1	2330	0.4875					
power_s > 50%	Fund = 0	1406	0.6385	0.0973***	4.5191	0.0000	0.0551	0.1395
	Fund = 1	1244	0.5413					
power_s < 50%	Un_pre = 0	2206	0.5435	0.0420***	2.8686	0.0041	0.0133	0.0707
	Un_pre = 1	2291	0.5015					
power_s > 50%	Un_pre = 0	1268	0.6279	0.0671***	3.1154	0.0019	0.0249	0.1094
	Un_pre = 1	1382	0.5607					

注：* 表示 $p < 0.1$，** 表示 $p < 0.05$，*** 表示 $p < 0.01$。

此外，机构投资者持股比例、基金持股比例以及压力抵制型机构投资者比例同样按照中位数分为较高组和较低组，通过表5－15可以看出，无论高管权力大小，基金持股比例较高组企业的非效率投资平均数显著低于基金持股比例较低组。压力抵制型机构投资者比例表现出相同的调节作用。这些结果与前述的结论是一致的。我们还发现，在高管权力较高时，机构投资者持股比例的调节作用并不显著。

总之，通过双样本t检验所得到的结果进一步证明了前述结论的稳健性，同时，通过分组具体探讨高管权力对非效率投资的影响，对前述的结论进行了补充。

5.4.3 PSM 检验

为了避免自选择偏差对研究结果的影响，本书采用得分倾向匹配的方法再次进行验证。首先，按照上述的方法对高管权力进行分组，将高管权力较大组企业作为处理组，用倾向得分的方法对其进行配对，形成控制组。图5－1显示了匹配前后处理组与控制组的倾向得分情况，横轴代表倾向得分，是指选用现金流量、管理费用、其他应收款、销售收入、现金持有状况这几个指标，采用logistic回归对样本计算出的得分；纵轴代表核密度，是指数据分布密度。从图5－1中可以看出，进行匹配后，处理组与控制组的倾向得分比较相近，而处理组与控制组样本的唯一区别在于高管权力的大小。

为了检验高管权力对非效率投资的影响，本书首先从全样本入手进行检验，通过表5－16可以看出，无论是采用最近邻匹配、半径匹配还是核权重匹配，匹配后高管权力大的企业非效率投资水平显著高于高管权力小的企业，且在5%水平上显著。这再一次验证了高管权力与企业非效率投资的正相关关系。

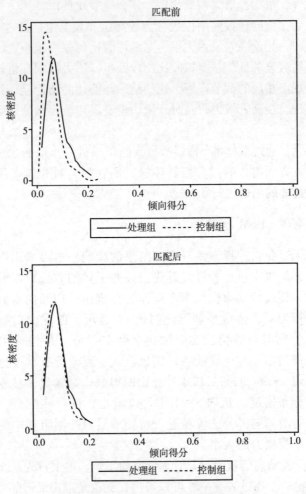

图 5 - 1   倾向得分匹配前后样本分布

为了验证各个调节变量的作用，同样按照中位数的方法进行分组，并采用最近邻匹配方法，通过表 5 - 16 可以看出，当内部控制质量较低时，ATT 为 0.0608，且在 1% 的水平上显著，表明处理组

表 5 – 16　　　　　　　得分倾向匹配分析结果

分组		最近邻匹配		半径匹配		核匹配	
		ATT	t – value	ATT	t – value	ATT	t – value
A.	全部样本	0. 0329 **	2. 1	0. 0183 **	2. 08	0. 0369	2. 72 ***
B.	$IC = 1$	0. 0018	0. 07	0. 0043	0. 19	0. 0037	0. 17
	$IC = 0$	0. 0608 ***	3. 14	0. 0599 ***	3. 51	0. 0613	3. 64 ***
C.	$Ctrl\_dum = 1$	0. 0112	0. 4	0. 1228	1. 44	0. 0218	0. 92
	$Ctrl\_dum = 0$	0. 0362 *	1. 94	0. 0667 *	1. 86	0. 0475	2. 92 ***
D.	$Ind\_market = 1$	0. 0193	0. 83	0. 0186	0. 36	0. 0334	1. 67 *
	$Ind\_market = 0$	0. 0478 **	2. 1	0. 0567	0. 88	0. 0519	2. 7 ***
E.	$Inst = 1$	0. 0302	1. 43	0. 0031	0. 06	0. 0206	1. 46
	$Inst = 0$	0. 0725 ***	3. 06	0. 061	1. 29	0. 0395	2. 17 **
F.	$Fund = 1$	0. 0219	1. 14	0. 0244	1. 45	0. 0277	1. 68 *
	$Fund = 0$	0. 0465 *	1. 8	0. 0405 *	1. 8	0. 0369	1. 69 *
G.	$Un\_pre = 1$	0. 0235	0. 98	0. 036 **	1. 99	0. 0321	1. 81 *
	$Un\_pre = 0$	0. 0431 **	2. 09	0. 0418 **	1. 98	0. 0208	2. 02 **

注: * 表示 $p < 0.1$, ** 表示 $p < 0.05$, *** 表示 $p < 0.01$。

与控制组之间的非效率投资存在着显著的差异。而当内部控制质量较高时, 两组之间的差异值为 0. 0018, 统计上不显著, 表明内部控制可以抑制由于高管权力过大导致的非效率投资, 与前述的结论一致。从政府监管强弱来看, 当企业为政府监管力弱的非国有企业时, 两组间的差异为 0. 0363, 在 5% 的水平上显著, 而当企业为政府监管力强的国有企业时, 两组间的差距变小且不显著, 同样验证了前面的结论。同理, D、E、F、G 组分别验证了市场化指数、机构投资者持股比例、基金投资者持股比例以及压力抵制型持股比例的调节作用, 发现这些调节变量可以缓解由高管权力过大引起的非效率投资行为。

除此之外, 我们通过半径匹配、核权重匹配两种方法重新进行检测，大部分结果与前述的结论是一致的，再一次证明了内部控制、政府监管、区域市场环境以及机构投资者特征可以对由高管权力引起的非效率投资发挥抑制作用，进一步检验证实了本书研究结论的稳健性。

第6章　研究结论与讨论

本章基于前述的理论分析和实证研究，对全书的主要结论进行总结和概括，并以研究的结论为基础，从微观和宏观层面、公司内部与外部等方面为提高企业投资效率提出政策性建议。最后，进一步探讨了本书的不足之处，并为未来的研究方向提供建议。

6.1　研究结论

本书以 2007～2014 年中国 A 股上市公司数据作为研究样本，基于委托代理理论、信息不对称理论、激励理论和管家理论，就高管权力与企业投资效率之间的关系问题进行了系统的研究，并从企业内外部治理的角度下进一步探讨了对投资效率的影响。

探究高管权力对企业非效率投资的影响时，本书采用分—总式分析论述。

首先，从所有权权力、组织权权力和个人能力权力三个维度分别进行检验，发现以下结论。

（1）根植于制度、组织等安排的高管所有权权力、组织权权力越大，高管投资决策时越容易选择代理人角色，进行非效率投资。从代理指标的角度分析发现：当股权结构较为分散时，股东更偏向以"搭便车"的形式获取自身利益，对高管的监督力度较小，高管获得较大权力，此时会导致企业非效率投资水平较高；董事会规模、董事会结构以及董事会制度、监事会制度等作为企业最基本的层面，能够对管理层的权力进行制约。若公司的治理机制出现漏洞，则会使高管权力增大，从而增加了其谋取私利的机会，因此会导致企业的非效率投资。

（2）基于个人知识、信息、声誉等优势的高管个人能力权力越大，高管投资决策时越容易选择"管家"角色，进行高效率投资。具体来说，高管的任职年限越长、外部兼职越多、政治关联性越强，高管越看重自身良好的声誉和自我价值实现的程度，此时，高管更愿意在企业的经营过程中承担"管家"的角色，高管权力越大，则越有利于企业的价值增长，提高企业的投资效率。

（3）高管权力越大，企业非效率投资的程度越高。高管权力对投资效率的影响实质上是高管作为"代理人"与"管家"的一场博弈，主要取决于哪种角色占主导地位。本书采用主成分分析的方法得到一个综合指标来测度高管权力，研究结果证明，目前普遍存在的情况是高管"代理人"角色占优势地位，当高管权力越大时，企业出现非效率投资的程度越大。这也与高管权力的来源有关，因为所有权是一切权力的来源，影响并塑造高管权力的大小和结构，因此，正式权力在高管权力构成中起支配地位，企业需要系统地监督约束高管权力的滥用及其行为。

其次，检验公司内外部治理机制对高管权力与企业投资效率的影响。内部治理机制主要是从内部控制的视角进行分析。探讨外部治理机制影响高管权力对企业的投资效率时，本书从政府监管、区域市场环境、机构投资者三个层面具体分析，发现以下结论。

（1）内部控制在高管权力与非效率投资的关系中具有负向调节作用，起作用的途径是抑制高管正式权力的滥用。良好的内部控制可以降低信息不对称，缓解企业的代理问题，从而对高管进行有效的监督，降低了由于高管正式权力滥用导致的企业非效率投资行为。

（2）在市场机制尚未有效约束高管代理行为之前，政府监管可以作为市场机制的一个替代。从政府与企业关系层面看，政府对企业的监管可以发挥治理作用，弥补企业内部治理机制的不完善。因此，相较于非国有控股上市公司，国有控股上市公司更能够抑制高管权力与非效率投资之间的正相关关系。

（3）市场化进程会提高高管的寻租成本，从而抑制高管权力滥用所致的非效率投资。市场化进程会提高产品的市场竞争程度，完善法律制度，这对高管权力的机会主义行为形成有效的制约和约束，使高管的寻租成本提高，从而抑制其利用自身较高权力进行非效率投资。但由于经理人市场不健全，因此对高管个人能力权力治理失效。

（4）机构投资者持股比例、持股结构及类型均在高管权力与非效率投资的关系中具有负向调节作用，对具有高管个人内生性的个人能力权力不具有治理作用。机构投资者持股比例越大，参与公司活动与监督管理层的动机就会越强，此时，高管的行为会受到外界的监督与约束，从而抑制企业的非效率投资。我们还发现，从机构投资者持股结构来看，基金具有较强的风险承受能力，有效的内部激励机制、自身的信号机制以及研究员丰富的投资背景等，都可以增强对高管行使权力的约束和监督，从而抑制高管权力与非效率投资之间的关系。而从投资者类型的角度进行分析，压力抵制型的机构投资者独立性更强，对企业长期投资的关注度更大，会更为积极地参与企业的投资决策与经营活动，抑制高管的非理性投资，因此可以抑制高管权力与非效率投资之间的正相关关系。

最后通过三种方法：变更样本容量、双样本检验、PSM 检验进行了稳健性测试，对本书的结论做了进一步的论证，发现了同样的结论。同时，在分组检验时发现，当高管权力较高时，机构投资者持股对高管权力与企业投资效率的影响并不显著。

6.2　政策建议

根据研究中发现的问题和结论，结合国内外研究成果，本书从内部治理机制、外部治理机制两个层面提出相应的建议。

6.2.1 内部治理机制层面

1. 完善高管权力的监督机制

对于企业而言，高管权力是一把"双刃剑"，为了发挥高管权力的积极作用、避免其消极作用，需要对高管权力进行有效配置，赋予高管适当的权力并施加一定的监督。完善高管权力的监督机制可以从以下几方面着手。

首先，从高管所有权权力角度，构建完善的股权结构有利于更好地配置企业控制权，加强对高管权力的制衡。加强第一大股东的治理，可有效防止高管权力膨胀，抑制高管滥用权力下的非效率投资行为发生。外部制衡性质的大股东更容易发挥积极股东的作用，参与公司治理，预防第一大股东与高管合谋，监督高管权力下的投资行为，提高投资效率。因此，企业应制定相关政策保护外部股东权力，使外部股东在必要时有权力撤销高管职位，保护自身利益。同时鼓励外部股东积极参与企业投资决策和经营活动，增强外部股东对高管的监督效果。

其次，从高管组织权权力角度，应构建有效的董事会、监事会等监督机制，避免高管权力集中。一是控制董事会的规模。董事会规模会影响公司控制权在组织内部的配置，因此，恰当的董事会规模有助于提高公司投资决策的效率，更好地监督高管权力的执行。二是增强外部董事的独立性。为避免董事会与高管合谋，企业可以提高董事会中独立董事的人数，严格选聘程序，保证独立董事的独立性和专业性，提倡独立董事负责企业的重大决策。三是加强监事会对高管的监督。监事会作为企业内部监督机构，应该积极履行职责，防止高管滥用职权，损害公司和股东的利益。

2. 完善高管权力的激励机制

首先，从高管个人能力权力的角度，选聘个人能力强的高管，更有助于实现高管的管家行为，提高投资效率。在选聘高管时，人员选聘范围不仅仅局限于企业内部，应扩展到企业外部广泛筛选人才；优先选择企业经验丰富、有多家企业兼职董事经验的人才；注重人员的政治关联情况，拥有政治资本的高管，越重视自己的声誉，越容易发挥"管家"作用。高管的声誉需要在长期的企业经营中积累和建立，长期的聘任让高管更有归属感和高度的组织承诺，更容易履行"管家"职责，进行效率投资。

其次，建立、完善非物质激励机制。高管权力行为除了受到薪酬激励机制的影响外，还受到无形的、非物质激励因素的影响。因为高管已经获得了相对较高的薪酬，满足了低层次的需要，因此，获得社会认可及自我实现的动机成为更高层次的精神激励因素。目前可以采用的重要非物质激励主要有三种。(1) 声誉激励。积极推动高管参与各种评选活动，使高管获得不同等级的名誉奖励，满足其自我实现的需求。在利用各种媒体宣传企业的同时，对高管的形象和行为进行广泛宣传，引起社会公众对企业和高管的广泛关注，树立高管权威，满足其成就动机。(2) 晋升激励。通过职位的升迁给高管提供更大的平台、更多的机会，激发工作积极性，更好履行"管家"职能，进行效率投资。(3) 长期任期契约激励。长期的任期让高管更有归属感，也只有在长期的重复性博弈中，高管才会更注重自身声誉，作为恪尽职守的"管家"，努力提高企业投资效率。

3. 构建高质量内部控制体系

企业应建立高质量的内部控制体系，分别从控制环境、风险评估、控制活动、信息沟通以及监督这五个要素着手进行内部控制建设，进行合理的资源配置，构建完善的风险防范机制。内部控制不仅在于设计，更在于执行，企业应重视内部控制的有效运行。具体来说，首先应明确高管进行投资决策和经营活动的审批与授权制度，形成不同部门、不同职位既相互辅助又相互制约的良好局面；其次，赋予内部审计机构足够的权力，使其与承担的责任相匹配，在检查、监督企业经济结果时具有更强的权威性，从而更好地发挥内部审计部门的作用，提高企业投资效率。

6.2.2 外部治理机制层面

1. 市场化与政府干预有效结合

党的十八届三中全会通过的《中共中央关于深化改革若干重大问题的决定》明确指出，要处理好政府和市场的关系，使市场成为资源配置的主要方式，同时更好地发挥政府监管作用。本书指出，较高的市场化进程能够抑制高管权力对非效率投资的正向影响，因此在市场化进程较高的地区，要将市场的功能突出放大，充分发挥"无形之手"的自发调节作用，建立以市场为主、政府监管为辅的外部治理机制。而在市场化进程较低的地区，法律制度尚不健全，市场建设亟待完善，此时政府应发挥其"有形之手"的作用，建立对中小股东的保护机制，填补市场作用的缺口，通过市场与政府的有效配合，制约高管权力滥用，抑制企业非效率投资行为。

2. 建立完善的经理人市场

积极推进经理人市场化改革进程，建立完善的经理人市场，有助于实现人力要素的市场化配置，从而约束高管的"代理人"行为，抑制高管权力的滥用，同时增强高管"管家"行为的实现，提高投资效率。一方面，经理人市场的完善有助于减少市场中高管个人信息、技术、能力等的信息不对称，提高人力要素市场的竞争程度，使履职绩效好的高管获得聘任，履职绩效差的高管退出市场。另一方面，人力要素市场的竞争使个人能力强的高管获得聘任，出于声誉考虑，获得聘任的高管会积极履行"管家"职责，进行利他的权力行为，提升企业投资效率。

3. 发挥多元机构投资者的积极作用

机构投资者通过多种渠道和方式积极地介入公司治理，避免内部人控制，能够间接和直接地影响公司的高管行为，使投资决策更科学。因此，发挥多元机构投资者的作用是极为必要的。法谚曰："无救济、无权力"。企业的无效率投资行为会损害机构投资者的利益，若机构投资者不能得到法律上的救济，那么企业的这种行为就不会得到有效的监控和遏制。因此，要发挥机构投资者的作用，首先需要政府出台相应政策促进机构投资者积极发挥自身作用，约束高管不当行为。其次，应适当放宽关于机构投资者持股比例的限制，增加机构投资者持股比例，发挥积极股东作用，积极参与企业经营决策，监督高管行为，抑制非效率投资。最后，不断完善机构投资者的持股结构，更多地引入证券投资基金、QFII 等压力抵制型机构投资者，重点培育积极型机构投资者，鼓励机构投资者长期持股和发挥积极股东作用，参与公司治理，监督高管权力下的投资行为，提高投资效率。

6.3　研究不足与未来展望

尽管本书力求深入而全面地考察高管权力对企业投资效率的影响，从内外部治理机制入手分析对高管权力与非效率投资关系的调节作用，但由于研究水平及研究时间的限制，本书仍存在一定的不足，值得在未来的研究过程中进一步探讨。

（1）本书采取理查森模型度量企业的投资效率，该模型是将估计出的残差代表企业非效率投资的程度，但这种方法会受到样本选取、变量度量的影响，因而投资效率的准确性会受到影响。根据经济学"投入产出"的效率观点分析企业投资效率可能更科学合理，但学术界中尚无成形的模型，因此，在未来的研究中，可以借鉴经济学中投入和产出的效率观点计量企业投资效率。

（2）本书在衡量市场化程度时，采用了樊纲等学者披露的各地区市场化指数，但并不能确定该指数是否能够准确度量企业所面临的所有市场力量。因此，在今后的研究中，应该积极探索一种更为科学和全面的指标来衡量地区的市场化程度。

参 考 文 献

[1] 陈志军, 徐鹏, 白贵玉. 动态竞争视角下上市公司股权制衡与绩效的关系研究 [J]. 外国经济与管理, 2014, 36 (11): 3 - 11.

[2] 陈志军, 赵月皎, 刘洋. 不同制衡股东类型下股权制衡与研发投入——基于双重代理成本视角的分析 [J]. 经济管理, 2016 (3): 57 - 66.

[3] 赵息, 张西栓. 内部控制, 高管权力与并购绩效——来自中国证券市场的经验证据 [J]. 南开管理评论, 2013, 16 (2): 75 - 81.

[4] 王雪莉, 马琳, 王艳丽. 高管团队职能背景对企业绩效的影响: 以中国信息技术行业上市公司为例 [J]. 南开管理评论, 2013, 16 (4): 80 - 93.

[5] 杨国枢. 中国人的心理与行为: 本土化研究 [M]. 中国人民大学出版社, 2004: 11 - 55.

[6] 樊纲. "十二五" 规划与城市化大趋势 [J]. 开放导报, 2010 (6): 5 - 9.

[7] 夏立军, 方轶强. 政府控制, 治理环境与公司价值 [J]. 经济研究, 2005 (5): 40 - 51.

[8] 陈信元, 黄俊. 政府干预, 多元化经营与公司业绩 [J]. 管理世界, 2007 (1): 92 - 97.

[9] 潘红波, 夏新平, 余明桂. 政府干预, 政治关联与地方国有企业并购 [J]. 经济研究, 2008 (4): 41 - 53.

[10] 白俊, 连立帅. 国企过度投资溯因: 政府干预抑或管理

层自利？[J]. 会计研究，2014 (2)：41 – 48.

[11] 高雷，宋顺林. 治理环境，治理结构与代理成本——来自国有上市公司面板数据的经验证据 [J]. 经济评论，2007 (3)：35 – 40.

[12] 辛清泉，郑国坚，杨德明. 企业集团，政府控制与投资效率 [J]. 金融研究，2007 (10)：123 – 142.

[13] 刘志远，靳光辉. 投资者情绪与公司投资效率——基于股东持股比例及两权分离调节作用的实证研究 [J]. 管理评论，2013，25 (5)：82 – 91.

[14] 刘行，叶康涛. 企业的避税活动会影响投资效率吗？[J]. 会计研究，2013 (6)：47 – 53.

[15] 李维安，姜涛. 公司治理与企业过度投资行为研究——来自中国上市公司的证据 [J]. 财贸经济，2007 (12)：56 – 61.

[16] 黄志忠. 股权比例，大股东"掏空"策略与全流通 [J]. 南开管理评论，2006，9 (1)：58 – 65.

[17] 赵息，许宁宁. 管理层权力，机会主义动机与内部控制缺陷信息披露 [J]. 审计研究，2013 (4)：101 – 109.

[18] 林斌，饶静. 上市公司为什么自愿披露内部控制鉴证报告？——基于信号传递理论的实证研究 [J]. 会计研究，2009 (2)：45 – 52.

[19] 樊纲，王小鲁，马光荣. 中国市场化进程对经济增长的贡献 [J]. 经济研究，2011 (9)：4 – 16.

[20] 潘立生，张清政. 股权结构，机构投资者与企业过度投资行为研究 [J]. 中国市场，2010 (31)：101 – 103.

[21] 计方，刘星. 机构投资者持股对企业非效率投资行为的治理效应 [J]. 财政研究，2011 (3)：69 – 72.

[22] 金玉娜，张志平. 机构投资者能抑制过度投资吗？——基于机构投资者异质性的经验证据 [J]. 东北财经大学学报，2013 (1)：20 – 26.

[23] 唐松莲，林圣越，高亮亮. 机构投资者持股情景，自由现金与投资效率 [J]. 管理评论，2015，27 (1)：24 –35.

[24] 佟岩，刘第文. 整体上市动机，机构投资者与非效率投资 [J]. 中央财经大学学报，2016 (3)：61 –71.

[25] 夏宁，邱飞飞. 机构投资者持股，管理者权力与非效率投资 [J]. 南京审计学院学报，2016 (2)：12 –20.

[26] 方红星，金玉娜. 高质量内部控制能抑制盈余管理吗？——基于自愿性内部控制鉴证报告的经验研究 [J]. 会计研究，2011 (8)：53 –60.

[27] 叶建芳，赵胜男，李丹蒙. 机构投资者的治理角色——过度投资视角 [J]. 证券市场导报，2012 (5)：27 –35.

[28] 李万福，林斌，刘春丽. 内部控制缺陷异质性如何影响财务报告？——基于中国情境的经验证据 [J]. 财经研究，2014 (6)：71 –82.

[29] 辛清泉，谭伟强. 市场化改革、企业业绩与国有企业经理薪酬 [J]. 经济研究，2009 (11)：68 –81.

[30] 孙健，卢闯. 高管权力、股权激励强度与市场反应 [J]. 中国软科学，2012 (4)：135 –142.

[31] 相里六续. 制度企业家在可再生能源产业发展中的作用探析 [J]. 西安交通大学学报社会科学版，2009，29 (2)：18 –23.

[32] 卢锐，魏明海，黎文靖. 管理层权力，在职消费与产权效率——来自中国上市公司的证据 [J]. 南开管理评论，2008，11 (5)：85 –92.

[33] 胡明霞，干胜道. 管理层权力，内部控制与高管腐败 [J]. 中南财经政法大学学报，2015 (3)：87 –93.

[34] 张功富，宋献中. 我国上市公司投资：过度还是不足？——基于沪深工业类上市公司非效率投资的实证度量 [J]. 会计研究，2009 (5)：69 –77.

[35] 陈晓芸，吴超鹏. 政治关系、社会资本与公司投资效

率——基于投资—现金流敏感度视角的分析 [J]. 山西财经大学学报, 2013 (6): 91 – 101.

[36] 姜付秀, 张敏, 陆正飞, 等. 管理者过度自信, 企业扩张与财务困境 [J]. 经济研究, 2009 (1): 131 – 143.

[37] 韩静, 笪彦雯, 赵经纬. 稳健会计政策下的高管过度自信与投资效率关系研究 [J]. 东南大学学报: 哲学社会科学版, 2016, 18 (1): 76 – 85.

[38] 李焰, 秦义虎, 张肖飞. 企业产权, 管理者背景特征与投资效率 [J]. 管理世界, 2011 (1): 135 – 144.

[39] 张兆国, 刘亚伟, 亓小林. 管理者背景特征, 晋升激励与过度投资研究 [J]. 南开管理评论, 2013, 16 (4): 32 – 42.

[40] 林朝南, 林怡. 高层管理者背景特征与企业投资效率——来自中国上市公司的经验证据 [J]. 厦门大学学报 (哲学社会科学版), 2014 (2): 100 – 109.

[41] 张龙平, 王军只, 张军. 内部控制鉴证对会计盈余质量的影响研究——基于沪市 A 股公司的经验证据 [J]. 审计研究, 2010 (2): 83 – 90.

[42] 吕长江, 张海平. 股权激励计划对公司投资行为的影响 [J]. 管理世界, 2011 (11): 118 – 126.

[43] 姜付秀, 伊志宏, 苏飞, 等. 管理者背景特征与企业过度投资行为 [J]. 管理世界, 2009 (1): 130 – 139.

[44] 连玉君, 苏治. 融资约束, 不确定性与上市公司投资效率 [J]. 管理评论, 2009, 21 (1): 19 – 26.

[45] 李万福, 林斌, 宋璐. 内部控制在公司投资中的角色: 效率促进还是抑制? [J]. 管理世界, 2011 (2): 81 – 99.

[46] 申慧慧, 于鹏, 吴联生. 国有股权, 环境不确定性与投资效率 [J]. 经济研究, 2012 (7): 113 – 126.

[47] 李培功, 肖珉. CEO 任期与企业资本投资 [J]. 金融研究, 2012 (2): 127 – 141.

[48] 张会丽，陆正飞．现金分布，公司治理与过度投资——基于我国上市公司及其子公司的现金持有状况的考察 [J].管理世界，2012（3）：141-150.

[49] 刘慧龙，王成方，吴联生．决策权配置，盈余管理与投资效率 [J].经济研究，2014（8）：93-106.

[50] 李云鹤．公司过度投资源于管理者代理还是过度自信 [J].世界经济，2014（12）：95-117.

[51] 喻坤，李治国，张晓蓉，等．企业投资效率之谜：融资约束假说与货币政策冲击 [J].经济研究，2014（5）：106-120.

[52] 苏启林．基于代理理论与管家理论视角的家族企业经理人行为选择 [J].外国经济与管理，2007，29（2）：51-56.

[53] 钟海燕，冉茂盛，文守逊．政府干预，内部人控制与公司投资 [J].管理世界，2010（7）：98-108.

[54] 魏锋，刘星．融资约束，不确定性对公司投资行为的影响 [J].经济科学，2004（2）：35-43.

[55] 支晓强，童盼．管理层业绩报酬敏感度，内部现金流与企业投资行为——对自由现金流和信息不对称理论的一个检验[J].会计研究，2007（10）：73-81.

[56] 黄海杰，吕长江．"四万亿投资"政策对企业投资效率的影响 [J].会计研究，2016（2）：51-57.

[57] 何金耿，股权控制，现金流量与公司投资 [J].经济管理，2001（22）：59-64.

[58] 饶育蕾，汪玉英．中国上市公司大股东对投资影响的实证研究 [J].南开管理评论，2006，9（5）：67-73.

[59] 马如静，唐雪松，贺明明．我国企业过度投资问题研究——来自证券市场的证据 [J].经济问题探索，2007（6）：55-60.

[60] 罗琦，肖文翀，夏新平．融资约束抑或过度投资——中国上市企业投资—现金流敏感度的经验证据 [J].中国工业经济，

2007 (9): 103 – 110.

[61] 孙晓华，李明珊．国有企业的过度投资及其效率损失 [J]．中国工业经济，2016 (10): 109 – 125.

[62] 郝颖，刘星，林朝南．上市公司大股东控制下的资本配置行为研究——基于控制权收益视角的实证分析 [J]．财经研究，2006, 32 (8): 81 – 93.

[63] 张宗益，郑志丹．融资约束与代理成本对上市公司非效率投资的影响——基于双边随机边界模型的实证度量 [J]．管理工程学报，2012, 26 (2): 119 – 126.

[64] 窦炜，刘星，韩晓宇．控制权配置，投资者保护与投资效率——一个关于企业投资行为研究的综述 [J]．中央财经大学学报，2015 (1): 63 – 70.

[65] 汪平，孙士霞．自由现金流量，股权结构与我国上市公司过度投资问题研究 [J]．当代财经，2009 (4): 123 – 128.

[66] 袁玲，杨兴全．股权集中，股权制衡与过度投资 [J]．河北经贸大学学报，2008, 29 (5): 39 – 43.

[67] 徐向艺，李鑫．自由现金流、负债融资与企业过度投资——基于中国上市公司的实证研究 [J]．软科学，2008 (7): 124 – 127.

[68] 罗进辉，万迪昉，蔡地．大股东治理与管理者过度投资行为研究 [J]．证券市场导报，2008 (12): 44 – 50.

[69] 姜乃平．控股股东，自由现金流与过度投资 [J]．广西财经学院学报，2012 (1): 86 – 91.

[70] 彭中文，瞿奥斯，刘韬．货币政策、内部治理与企业非效率投资——基于装备制造业上市公司的研究 [J]．财经问题研究，2016 (8): 44 – 49.

[71] 童盼，陆正飞．负债融资，负债来源与企业投资行为 [J]．经济研究，2005 (5): 75 – 84.

[72] 黄乾富，沈红波．债务来源，债务期限结构与现金流的

过度投资——基于中国制造业上市公司的实证证据 [J]. 金融研究，2009（9）：143-155.

[73] 石晓军，张顺明. 商业信用，融资约束及效率影响[J]. 经济研究，2010，1：102-114.

[74] 王善平，李志军. 银行持股，投资效率与公司债务融资[J]. 金融研究，2011（5）：184-193.

[75] 罗党论，应千伟，常亮. 银行授信，产权与企业过度投资：中国上市公司的经验证据 [J]. 世界经济，2012（3）：48-67.

[76] 翟胜宝，易旱琴，郑洁，等. 银企关系与企业投资效率——基于我国民营上市公司的经验证据 [J]. 会计研究，2014（4）：74-80.

[77] 胡建雄，谈咏梅. 企业自由现金流，债务异质性与过度投资——来自中国上市公司的经验证据 [J]. 山西财经大学学报，2015（9）：113-124.

[78] 屈文洲，谢雅璐，叶玉妹. 信息不对称、融资约束与投资—现金流敏感性——基于市场微观结构理论的实证研究 [J]. 经济研究，2011（6）：105-117.

[79] 魏刚. 高级管理层激励与上市公司经营绩效 [J]. 经济研究，2000（3）：32-39.

[80] 张俊瑞，赵进文，张建. 高级管理层激励与上市公司经营绩效相关性的实证分析 [J]. 会计研究，2003（9）：29-34.

[81] 陈冬华，梁上坤，蒋德权. 不同市场化进程下高管激励契约的成本与选择：货币薪酬与在职消费 [J]. 会计研究，2010（11）：56-64.

[82] 林浚清，黄祖辉，孙永祥. 高管团队内薪酬差距，公司绩效和治理结构 [J]. 经济研究，2003（4）：31-40.

[83] 刘凤委，孙铮，李增泉. 政府干预，行业竞争与薪酬契约——来自国有上市公司的经验证据 [J]. 管理世界，2007（9）：76-84.

[84] 吕长江，赵宇恒. 国有企业管理者激励效应研究——基于管理者权力的解释 [J]. 管理世界，2008（11）：99 – 109.

[85] 刘星，徐光伟. 政府管制，管理层权力与国企高管薪酬刚性 [J]. 经济科学，2012（1）：86 – 102.

[86] 李胜楠，牛建波. 高管权力研究的基本框架构建 [J]. 外国经济与管理，2014，36（7）：3 – 13.

[87] 李增泉. 激励机制与企业绩效——一项基于上市公司的实证研究 [J]. 会计研究，2000（1）：24 – 30.

[88] 谌新民，刘善敏. 上市公司经营者报酬结构性差异的实证研究 [J]. 经济研究，2003（8）：55 – 63.

[89] 吴文锋，吴冲锋，刘晓薇. 中国民营上市公司高管的政府背景与公司价值 [J]. 经济研究，2008（7）：130 – 141.

[90] 肖丕楚，张成君. CEO 权责配置与公司治理结构优化 [J]. 经济与管理，2003（4）：35 – 36.

[91] 权小锋，吴世农，文芳. 管理层权力，私有收益与薪酬操纵——来自中国国有上市企业的实证证据 [J]. 经济研究，2010（115）：73 – 87.

[92] 贺琛，罗琦，余晴. 制度环境、管理层权力与上市公司过度投资的实证 [J]. 统计与决策，2015（8）：163 – 166.

[93] 李胜楠，吴泥锦，解延宏. 环境不确定性，高管权力与过度投资 [J]. 财贸研究，2015（4）：111 – 121.

[94] 张长征，李怀祖. 经理自主权，高管报酬差距与公司业绩 [J]. 中国软科学，2008（4）：117 – 126.

[95] 窦鹏. 经理自主权与高管薪酬差距的关系——以我国医药类上市公司为例 [D]. 南京师范大学，2011.

[96] 连燕玲，周兵，贺小刚，等. 经营期望，管理自主权与战略变革 [J]. 经济研究，2015（8）：31 – 44.

[97] 陈惠源. 探讨经理自主权对上市公司绩效的影响——基于不同的经理持股水平 [D]. 浙江大学，2005.

［98］苏文兵，李心合，徐东辉，等．经理自主权与 R&D 投入的相关性检验——来自中国证券市场的经验证据［J］．研究与发展管理，2010，22（4）：30–38．

［99］王茂林，何玉润，林慧婷．管理层权力，现金股利与企业投资效率［J］．南开管理评论，2014，17（2）：13–22．

［100］杨兴全，张丽平，吴昊旻．市场化进程，管理层权力与公司现金持有［J］．南开管理评论，2014，17（2）：34–45．

［101］郭军，赵息．董事会治理，高管权力与内部控制缺陷［J］．软科学，2015，29（4）：43–47．

［102］赵息，屈海涛．高管权力，薪酬激励与内部控制——基于中国制造业上市公司的实证研究［J］．天津大学学报（社会科学版），2015（5）：399–405．

［103］支晓强，孙健，王永妍，等．高管权力，行业竞争对股权激励方案模仿行为的影响［J］．中国软科学，2014（4）：111–125．

［104］王化成，曹丰，叶康涛．监督还是掏空：大股东持股比例与股价崩盘风险［J］．管理世界，2015（2）：45–57．

［105］张祥建，徐晋，徐龙炳．高管精英治理模式能够提升企业绩效吗？——基于社会连带关系调节效应的研究［J］．经济研究，2015（3）：100–114．

［106］王嘉歆，黄国良，高燕燕．企业生命周期视角下的 CEO 权力配置与投资效率分析［J］．软科学，2016，30（2）：79–82．

［107］高遐，井润田，万媛媛．管理决断权、高管薪酬与企业绩效的实证研究［J］．管理评论，2012，24（4）：107–114．

［108］王世权，牛建波．国有大型总分公司式企业集团分公司总经理自主权评价及实证分析：基于省级分公司问卷调研的研究［J］．第三届中国管理学年会，2008．

［109］张长征，胡利利．基于经理自主权的企业技术创新决策模型研究：来自陕西省技术型企业的经验证据［J］．经济研究导

刊，2011（34）：30-32.

[110] 张长征，蒋晓荣. 股权集中度与经理自主权对技术型企业 R&D 投入的影响效应分析 [J]. 中外企业家，2011（16）：1-3.

[111] 王丽敏，李凯，王世权. 大型国有分公司总经理自主权评价及实证分析 [J]. 管理学报，2010，7（10）：1572-1578.

[112] 张三保，张志学. 区域制度差异，CEO 管理自主权与企业风险承担——中国 30 省高技术产业的证据 [J]. 管理世界，2012（4）：101-114.

[113] 詹雷，王瑶瑶. 管理层激励，过度投资与企业价值[J]. 南开管理评论，2013，16（3）：36-46.

[114] 张丽平，杨兴全. 管理者权力，管理层激励与过度投资 [J]. 软科学，2012，26（10）：107-112.

[115] 董红晔，李小荣. 国有企业高管权力与过度投资 [J]. 经济管理，2014（10）：75-87.

[116] 谭庆美，陈欣，张娜，等. 管理层权力、外部治理机制与过度投资 [J]. 管理科学，2015（4）：59-70.

[117] 祝继高，叶康涛，严冬. 女性董事的风险规避与企业投资行为研究——基于金融危机的视角 [J]. 财贸经济，2012（4）：50-58.

[118] 王海萍. 高管团队背景特征对企业投资的影响研究 [D]. 浙江财经学院，2011.

[119] 潘前进，王君彩. 管理层能力与资本投资效率研究——基于投资现金流敏感性的视角 [J]. 中央财经大学学报，2015（2）：90-97.

[120] 杨有红，陈凌云. 2007 年沪市公司内部控制自我评价研究——数据分析与政策建议 [J]. 会计研究，2009（6）：58-64.

[121] 崔志娟，刘源. 上市公司内部控制报告的可靠性评价——基于 2008～2010 年沪市公司年报重述的分析 [J]. 南开管理评论，2013，16（1）：64-69.

[122] 方红星，陈作华. 高质量内部控制能有效应对特质风险和系统风险吗？[J]. 会计研究，2015（4）：70－77.

[123] 刘焱，姚海鑫. 上市公司内部控制实质性缺陷与债务融资约束 [J]. 软科学，2013，27（10）：78－82.

[124] 王立勇. 内部控制系统评价定量分析的数学模型 [J]. 审计研究，2004（4）：53－59.

[125] 朱卫东，李永志，何秀余. 基于 BP 神经网络的企业内部控制体系评价研究 [J]. 运筹与管理，2005，14（4）：80－84.

[126] 韩传模，汪士果. 基于 AHP 的企业内部控制模糊综合评价 [J]. 会计研究，2009（4）：55－61.

[127] 王海林. 内部控制能力评价的 IC-CMM 模型研究[J]. 会计研究，2009（10）：53－59.

[128] 陈汉文，董望. 财务报告内部控制研究述评——基于信息经济学的研究范式 [J]. 厦门大学学报（哲学社会科学版），2010（3）：20－27.

[129] 王宏，蒋占华，胡为民，等. 中国上市公司内部控制指数研究 [J]. 会计研究，2011（12）：20－24.

[130] 戴文涛，李维安. 企业内部控制综合评价模型与沪市上市公司内部控制质量研究 [J]. 管理评论，2013，25（1）：128－138.

[131] 陈关亭，黄小琳，章甜. 基于企业风险管理框架的内部控制评价模型及应用 [J]. 审计研究，2013（6）：93－101.

[132] 林钟高，郑军，王书珍. 内部控制与企业价值研究——来自沪深两市 A 股的经验分析 [J]. 财经研究，2007，33（4）：132－143.

[133] 黄惠平，宋晓静. 内控报告与会计信息质量及企业价值——基于沪市 A 股的经验研究 [J]. 经济管理，2012（1）：122－128.

[134] 张晓岚，沈豪杰，杨默. 内部控制信息披露质量与公司

经营状况——基于面板数据的实证研究 [J]. 审计与经济研究, 2012 (2): 64 - 73.

[135] 周守华, 胡为民, 林斌, 等.2012 年中国上市公司内部控制研究 [J]. 会计研究, 2013 (7): 3 - 12.

[136] 查剑秋, 张秋生, 庄健. 战略管理下的企业内控与企业价值关系实证研究 [J]. 审计研究, 2009, 1: 76 - 80.

[137] 张超, 刘星. 内部控制缺陷信息披露与企业投资效率——基于中国上市公司的经验研究 [J]. 南开管理评论, 2015, 18 (5): 136 - 150.

[138] 王爱群, 时军. 内部控制质量, 会计稳健性对投资效率影响效应研究 [J]. 统计与决策, 2016 (7): 158 - 161.

[139] 周中胜, 徐红日, 陈汉文, 等. 内部控制质量对公司投资支出与投资机会的敏感性的影响: 基于我国上市公司的实证研究 [J]. 管理评论, 2016, 28 (9): 206 - 217.

[140] 姜蕾. 独立董事, 内部控制与投资效率 [J]. 经济研究参考, 2016 (21): 91 - 95.

[141] 鲁笛. 内部控制, 管理层权力与投资效率 [D]. 石河子大学, 2013.

[142] 李延喜, 陈克兢, 刘伶, 等. 外部治理环境, 行业管制与过度投资 [J]. 管理科学, 2013 (1): 14 - 25.

[143] 佟爱琴, 马星洁. 宏观环境, 产权性质与企业非效率投资 [J]. 管理评论, 2013, 25 (9): 12 - 20.

[144] 杨清香, 俞麟, 胡向丽. 不同产权性质下股权结构对投资行为的影响——来自中国上市公司的经验证据 [J]. 中国软科学, 2010 (7): 142 - 150.

[145] 李辰, 张冀. 股权结构, 现金流量与资本投资 [J]. 中国经济学 (季刊), 2005, 5 (1): 1 - 26

[146] 黄福广, 周杰, 刘建. 上市公司股权结构对投资决策的影响实证研究 [J]. 现代财经: 天津财经大学学报, 2005, 25

(10)：21 – 25.

　　[147] 赵博. 产权属性，管理层激励与企业过度投资 [J]. 财会月刊，2012，2：7 – 11.

　　[148] 梅丹. 国有产权，公司治理与非效率投资 [J]. 证券市场导报，2009 (4)：44 – 50.

　　[149] 刘参. 国家控股与企业过度投资行为研究 [J]. 国际商务财会，2013 (3)：28 – 33.

　　[150] 田利辉. 国有产权，预算软约束和中国上市公司杠杆治理 [J]. 管理世界，2005 (7)：123 – 128.

　　[151] 李洁. 政府控制，市场化进程与自由现金流的过度投资 [J]. 经济问题探索，2011 (8)：105 – 109.

　　[152] 李豫湘，王涵，曹俊娥. 市场化进程，股东控制和企业过度投资的关系探讨 [J]. 商业时代，2011 (11)：73 – 74.

　　[153] 闫滨，石大林，王海军. 机构投资者，市场化进程与公司过度投资 [J]. 郑州航空工业管理学院学报，2014，32 (6)：123 – 128.

　　[154] 郭桂花，王昕昕. 市场化进程，管理层权力与过度投资 [J]. 财会通讯：综合 (下)，2014 (5)：65 – 68.

　　[155] 樊纲. 当前的主要问题在于市场化改革不够深入 [J]. 西部财会，2006 (5)：61 – 63.

　　[156] 罗党论，唐清泉. 市场环境与控股股东"掏空"行为研究 [J]. 会计研究，2007 (4)：69 – 74.

　　[157] 罗付岩. 市场化进程，关联交易与投资效率 [J]. 中南财经政法大学学报，2013 (1)：115 – 121.

　　[158] 蔡海静，许慧. 市场化进程，投资者注意力与投资效率 [J]. 财经论丛，2016 (8)：59 – 66.

　　[159] 罗琦. 管理层权力、市场化进程与上市公司投资效率 [D]. 厦门大学，2014.

　　[160] 王琨，肖星. 机构投资者持股与关联方占用的实证研究

[J]. 南开管理评论, 2005, 8 (2): 27 - 33.

[161] 薄仙慧, 吴联生. 国有控股与机构投资者的治理效应: 盈余管理视角 [J]. 经济研究, 2009 (2): 81 - 91.

[162] 吴晓辉, 姜彦福. 机构投资者治理效率研究 [J]. 统计研究, 2006 (9): 33 - 36.

[163] 刘广, 陈建国. 上市公司过度投资行为与其机构投资者关系的实证研究 [J]. 商业时代, 2011 (24): 62 - 63.

[164] 朱信凯, 徐星美. 产权性质, 机构投资者异质性与投资效率——基于我国农业上市公司的经验证据 [J]. 社会观察, 2016 (3): 58 - 59.

[165] 刘昌国. 公司治理机制, 自由现金流量与上市公司过度投资行为研究 [J]. 经济科学, 2006 (4): 50 - 58.

[166] 孟涛, 焦捷, 田园. 机构投资者治理作用与公司过度投资——基于内生性视角的重新审视 [J]. 清华大学学报: 自然科学版, 2015 (4): 452 - 461.

[167] 范海峰, 胡玉明, 石水平. 机构投资者异质性, 公司治理与公司价值 [J]. 证券市场导报, 2009 (10): 45 - 51.

[168] 唐跃军, 宋渊洋. 价值选择 VS. 价值创造——来自中国市场机构投资者的证据 [J]. 经济学季刊, 2010, 9 (2): 609 - 632.

[169] 牛建波, 吴超, 李胜楠. 机构投资者类型, 股权特征和自愿性信息披露 [J]. 管理评论, 2013, 25 (3): 48 - 59.

[170] 李争光, 赵西卜, 曹丰, 等. 机构投资者异质性与企业绩效——来自中国上市公司的经验证据 [J]. 审计与经济研究, 2014 (5): 77 - 87.

[171] 龚光明, 彭娟. 会计信息质量, 投资效率与机构投资者异质性 [J]. 会计之友, 2014 (33): 93 - 99.

[172] 张洽, 袁天荣. CEO 权力, 私有收益与并购动因——基于我国上市公司的实证研究 [J]. 财经研究, 2013 (4): 101 - 110.

[173] 王克敏, 王志超. 高管控制权, 报酬与盈余管理——基

于中国上市公司的实证研究 [J]. 管理世界, 2007 (7): 111 - 119.

[174] 郝颖, 刘星. 资本投向, 利益攫取与挤占效应 [J]. 管理世界, 2009 (5): 128 - 144.

[175] 张辉华, 凌文辁. 管理者情绪智力行为模型及其有效性的实证研究 [J]. 南开管理评论, 2008, 11 (2): 50 - 60.

[176] 陈凌, 王昊. 家族涉入, 政治联系与制度环境 [J]. 管理世界, 2013 (10): 130 - 141.

[177] 刘明辉, 张宜霞. 内部控制的经济学思考 [J]. 会计研究, 2002 (8): 54 - 56.

[178] 周继军, 张旺峰. 内部控制, 公司治理与管理者舞弊研究——来自中国上市公司的经验证据 [J]. 中国软科学, 2011 (8): 141 - 154.

[179] 林钟高, 徐虹. 分工、控制权配置与内部控制效率研究 [J]. 会计研究, 2009 (3): 64 - 71.

[180] 冯慧群, 马连福. 董事会特征、CEO 权力与现金股利政策——基于中国上市公司的实证研究 [J]. 管理评论, 2013, 25 (11): 123 - 132.

[181] 李明辉. 内部控制与会计信息质量 [J]. 当代财经, 2002 (3): 72 - 77.

[182] 杨德明, 林斌, 王彦超. 内部控制、审计质量与代理成本 [J]. 财经研究, 2009, 35 (12): 40 - 49.

[183] 魏明海, 柳建华. 国企分红、治理因素与过度投资 [J]. 管理世界, 2007 (4): 88 - 95.

[184] 高雷, 何少华, 黄志忠. 公司治理与掏空 [J]. 经济学: 季刊, 2006, 5 (4): 1157 - 1178.

[185] 刘星, 汪洋. 高管权力、高管薪酬与现金股利分配 [J]. 经济与管理研究, 2014 (11): 115 - 123.

[186] 王清刚, 胡亚君. 管理层权力与异常高管薪酬行为研究 [J]. 中国软科学, 2011 (10): 166 - 175.

[187] 徐细雄, 刘星. 放权改革、薪酬管制与企业高管腐败 [J]. 管理世界, 2013 (3): 119 – 132.

[188] 傅颀, 汪祥耀, 路军. 管理层权力、高管薪酬变动与公司并购行为分析 [J]. 会计研究, 2014 (11): 30 – 37.

[189] 刘启亮, 李祎, 张建平. 媒体负面报道、诉讼风险与审计契约稳定性——基于外部治理视角的研究 [J]. 管理世界, 2013 (11): 144 – 154.

[190] 姚冰湜, 马琳, 王雪莉, 等. 高管团队职能异质性对企业绩效的影响: CEO 权力的调节作用 [J]. 中国软科学, 2015 (2): 117 – 126.

[191] Acemoglu D., Johnson S. Unbundling institutions [J]. Journal of Political Economy, 2005, 113 (5): 949 – 995.

[192] Adams R. B., Almeida H, Ferreira D. Powerful CEOs and their impact on corporate performance [J]. Review of Financial Studies, 2005, 18 (4): 1403 – 1432.

[193] Adams R. B., Hermalin B. E., Weisbach M. S. The role of boards of directors in corporate governance: A conceptual framework and survey [J]. Journal of Economic Literature, 2010, 48 (1): 58 – 107.

[194] Admati A. R., P. fleiderer P. Robust financial contracting and the role of venture capitalists [J]. The Journal of Finance, 1994, 49 (2): 371 – 402.

[195] Aghion P., Tirole J. Formal and real authority in organizations [J]. Journal of political economy, 1997, 105 (1): 1 – 29.

[196] Akerlof G A. The Market for 'Lemons [J]. Journal of Economics, 1970, 7 (16): 1372.

[197] Albanese R., Dacin M. T., Harris I. C., et al. Dialogue [J]. Academy of Management Review, 1997, 22 (3): 609 – 613.

[198] Albuquerque R. A., Miao J. CEO Power, compensation, and governance [J]. Ssrn Electronic Journal, 2006, 14: 443 – 479.

[199] Alchian A. A. Uncertainty, evolution, and economic theory [J]. The journal of Political Economy, 1950, 58 (3): 211 –221.

[200] Altamuro J. , Beatty A. How does internal control regulation affect financial reporting? [J]. Journal of Accounting and Economics, 2010, 49 (1): 58 –74.

[201] Arrow K. J. The Economic Implications of Learning by Doing [J]. Review of Economic Studies, 1962 (29): 155 –173.

[202] Ashbaugh-Skaife H. , Collins D. W. , Kinney Jr W. R. , et al. The effect of SOX internal control deficiencies and their remediation on accrual quality [J]. The Accounting Review, 2008, 83 (1): 217 –250.

[203] Asker J. , Farre-Mensa J. , Ljungqvist A. Comparing the investment behavior of public and private firms [R]. National Bureau of Economic Research, 2011.

[204] Athan S. Strong Boards, CEO Power and Bank Risk Taking [J] . Journal of Banking and Finance, 2009 (7): 1340 –1350.

[205] Barney J. Firm resources and sustained competitive advantage [J]. Journal of Management, 1991, 17 (1): 99 –120.

[206] Barney J. B. Resource-based theories of competitive advantage: A ten-year retrospective on the resource-based view [J]. Journal of Management, 2001, 27 (6): 643 –650.

[207] Bebchuk L. A. , Stole L. A. Do Short-Term Objectives Lead to Under-or Overinvestment in Long-Term Projects? [J]. The Journal of Finance, 1993, 48 (2): 719 –729.

[208] Bebchuk L. A. , Fried J. M. , Walker D. I. Managerial power and rent extraction in the design of executive compensation [R]. National Bureau of Economic Research, 2002.

[209] Bebchuk L. A. , Fried J. M. Executive compensation as an agency problem [J] . Journal of Economics Perspectives, 2003, 17

(3): 71 −92.

[210] Bebchuk L. , Cohen A. , Ferrell A. What matters in corporate governance?　[J]. Review of Financial Studies, 2009, 22 (2): 783 −827.

[211] Bebchuk L. A. , Cremers K. J. M. , Peyer U. C. The CEO pay slice [J]. Journal of Financial Economics, 2011, 102 (1): 199 −221.

[212] Bebchuk L. A. , Hart O. Takeover Bids Vs. Proxy Fights in Contests for Corporate Contro [R]. National Bureau of Economic Research, 2001.

[213] Becht M. , Franks J. R. , Grant J. , et al. The returns to hedge fund activism: An international study. European Corporate Governance Institute Finance Working Paper 402/2014 [J]. 2015.

[214] Beneish M. D. , Billings M. B. , Hodder L. D. Internal control weaknesses and information uncertainty [J]. The Accounting Review, 2008, 83 (3): 665 −703.

[215] Bennedsen M. , Wolfenzon D. The balance of power in closely held corporations [J]. Journal of Financial Economics, 2000, 58 (1): 113 −139.

[216] Berkman H. , Fu L. J. Political connections and minority-shareholder protection: Evidence from securities-market regulation in China [J]. Journal of Financial and Quantitative Analysis, 2010, 45 (6): 1391 −1417.

[217] Bertrand M. , Mullainathan S. Enjoying the quiet life? Corporate governance and managerial preferences [J]. Journal of Political Economy, 2003, 111 (5): 1043 −1075.

[218] Bertrand M. , Morse A. Information disclosure, cognitive biases, and payday borrowing [J]. The Journal of Finance, 2011, 66 (6): 1865 −1893.

[219] Biddle G. C. , Hilary G. Accounting quality and firm-level

capital investment [J]. The Accounting Review, 2006, 81 (5): 963 – 982.

[220] Boyd B. K. , Dess G. G. , Rasheed A. M. A. Divergence between archival and perceptual measures of the environment: Causes and consequences [J]. Academy of Management Review, 1993, 18 (2): 204 – 226.

[221] Bradley M. , Brav A. , Goldstein I. , et al. Activist arbitrage: A study of open-ending attempts of closed-end funds [J]. Journal of Financial Economics, 2010, 95 (1): 1 – 19.

[222] Brass D. J. , Burkhardt M. E. Potential power and power use: An investigation of structure and behavior [J]. Academy of Management Journal, 1993, 36 (3): 441 – 470.

[223] Breton-Miller L. , Miller D. Why do some family businesses out-compete? Governance, long-term orientations, and sustainable capability [J]. EntrepreneurshipTheory and Practice, 2006, 30 (6): 731 – 746.

[224] Brickley J. A. , Lease R. C. , Smith C. W. Ownership structure and voting on antitakeover amendments [J]. Journal of Financial Economics, 1988 (1 – 2), 20: 267 – 291.

[225] Brown R. , Sarma N. CEO overconfidence, CEO dominance and corporate acquisitions [J]. Journal of Economics and Business, 2007, 59 (5): 358 – 379.

[226] Bushee B. J. The influence of institutional investors on myopic R&D investment behavior [J]. Accounting Review, 1998, 73 (3): 305 – 333.

[227] Carcello, J. , A. L. Nagy. Audit firm tenure and fraudulent financial reporting [J]. Auditing: A Journal of Practice and Theory, 2004, 23 (2): 55 – 69.

[228] Carpenter M. A. , Golden B. R. Perceived managerial dis-

cretion: A study of cause and effect [J]. Strategic Management Journal, 1997, 18 (3): 187 - 206.

[229] Castanias R. P. , Helfat C. E. Managerial resources and rents [J]. Journal of Management, 1991, 17 (1): 155 - 171.

[230] Castanias R. P. , Helfat C. E. Managerial and windfall rents in the market for corporate control [J]. Journal of Economic Behavior & Organization, 1992, 18 (2): 153 - 184.

[231] Chan K. C. , Farrell B. , Lee P. Earnings management of firms reporting material internal control weaknesses under Section 404 of the Sarbanes-Oxley Act [J]. Auditing: A Journal of Practice & Theory, 2008, 27 (2): 161 - 179.

[232] Chandler Jr A. D. The visible hand [M]. Harvard University Press, 1993: 45 - 107.

[233] Chen G. , Firth M. , Gao D. N. , et al. Is China's securities regulatory agency a toothless tiger? Evidence from enforcement actions [J]. Journal of Accounting and Public Policy, 2005, 24 (6): 451 - 488.

[234] Cheng M. , Dhaliwal D. , Zhang Y. Does investment efficiency improve after the disclosure of material weaknesses in internal control over financial reporting? [J]. Journal of Accounting and Economics, 2013, 56 (1): 1 - 18.

[235] Chhaochharia V. , Grinstein Y. CEO compensation and board structure [J]. The Journal of Finance, 2009, 64 (1): 231 - 261.

[236] Child J. Organizational structure, environment and performance: The role of strategic choice [J] . Sociology, 1972, 6 (1): 1 - 22.

[237] Christopher J. The multi theoretical approach to governance: Authenticating the concept and establishing its control framework [J]. Corporate Ownership and Control, 2011, 8 (3): 18.

[238] Chung K. H. , Pruitt S. W. Executive ownership, corporate

value, and executive compensation: A unifying framework [J]. Journal of Banking & Finance, 1996, 20 (7): 1135 – 1159.

[239] Coase R. H. The nature of the firm [J]. Economica, 1937, 4 (16): 386 – 405.

[240] Coffee J. C. Liquidity versus control: The institutional investor as corporate monitor [J]. Columbia Law Review, 1991, 91 (6): 1277 – 1368.

[241] Conyon M. J. , Murphy K. J. The prince and the pauper? CEO pay in the United States and United Kingdom [J]. The Economic Journal, 2000, 110 (467): 640 – 671.

[242] Cornett M. M. , Marcus A. J. , Saunders A. , et al. The impact of institutional ownership on corporate operating performance [J]. Journal of Banking & Finance, 2007, 31 (6): 1771 – 1794.

[243] Crossland C. , Hambrick D. C. Differences in managerial discretion across countries: how nation-level institutions affect the degree to which CEOs matter [J]. Strategic Management Journal, 2011, 32 (8): 797 – 819.

[244] Dalton D. R. , Daily C. M. , Johnson J. L. , et al. Number of directors and financial performance: A meta-analysis [J]. Academy of Management Journal, 1999, 42 (6): 674 – 686.

[245] Davis J. H. , Schoorman F. D. , Donaldson L. Toward a stewardship theory of management [J]. Academy of Management Review, 1997, 22 (1): 20 – 47.

[246] De Clercq D. , Danis W. M. , Dakhli M. The moderating effect of institutional context on the relationship between associational activity and new business activity in emerging economies [J]. International Business Review, 2010, 19 (1): 85 – 101.

[247] Dechow, P. M. , R. G. Sloan, A. P. Sweeney. Causes and Consequences of Earnings Manipulation: An Analysis of Firms Subject to

Enforcement Actions by the SEC [J]. Contemporary Accounting Research, 1996, 13 (1): 1 - 36.

[248] Deumes R. , Knechel W. R. Economic incentives for voluntary reporting on internal risk management and control systems [J]. Auditing: A Journal of Practice & Theory, 2008, 27 (1): 35 - 66.

[249] Dewatripont M. , Jewitt I. , Tirole J. The economics of career concerns, part I: Comparing information structures [J]. The Review of Economic Studies, 1999, 66 (1): 183 - 198.

[250] Djankov S. , Murrell P. Enterprise restructuring in transition: A quantitative survey [J]. Journal of Economic Literature, 2002, 40 (3): 739 - 792.

[251] Djankov S. , McLiesh C. , Shleifer A. Private credit in 129 countries [J]. Journal of Financial Economics, 2007, 84 (2): 299 - 329.

[252] Donaldson L. The ethereal hand: Organizational economics and management theory [J]. Academy of Management Review, 1990, 15 (3): 369 - 381.

[253] Donaldson T. , Preston L. E. The stakeholder theory of the corporation: Concepts, evidence, and implications [J]. Academy of Management Review, 1995, 20 (1): 65 - 91.

[254] Dong J. , Gou Y. Corporate governance structure, managerial discretion, and the R&D investment in China [J]. International Review of Economics & Finance, 2010, 19 (2): 180 - 188.

[255] Doyle J. , Ge W. , McVay S. Determinants of weaknesses in internal control over financial reporting [J]. Journal of Accounting and Economics, 2007, 44 (1): 193 - 223.

[256] Doyle J. T. , Ge W. , McVay S. Accruals quality and internal control over financial reporting [J]. The Accounting Review, 2007, 82 (5): 1141 - 1170.

[257] Faccio M. , Lasfer M. A. Do occupational pension funds monitor companies in which they hold large stakes? [J]. Journal of Corporate Finance, 2000, 6 (1): 71 - 110.

[258] Faccio M. , Masulis R. W. , McConnell J. Political connections and corporate bailouts [J]. The Journal of Finance, 2006, 61 (6): 2597 - 2635.

[259] Fama, Agency problems and the theory of the firm [J]. Journal of Political Economy, 1980, 88 (2): 288 - 307.

[260] Fama E. F. , Jensen M. C. Organizational forms and investment decisions [J]. Journal of Financial Economics, 1985, 14 (1): 101 - 119.

[261] Fan J. P. H. , Wong T. J. , Zhang T. Politically connected CEOs, corporate governance, and Post-IPO performance of China's newly partially privatized firms [J]. Journal of Financial Economics, 2007, 84 (2): 330 - 357.

[262] Farber, D. B. . Restoring Trust after Fraud: Does Corporate Governance Matter? [J]. The Accounting Review, 2005, 80 (3): 539 - 561.

[263] Fazzari S. M. , Hubbard R. G. , Petersen B. C. , et al. Financing constraints and corporate investment [J]. Brookings Papers on Economic Activity, 1988 (1): 141 - 206.

[264] Fee C. E. , Hadlock C. J. Management Turnover and Product Market Competition: Empirical Evidence from the US Newspaper Industry [J]. The Journal of Business, 2000, 73 (2): 205 - 243.

[265] Feng, M. , Weili Ge, Shuqing Luo, Terry Shevlin. Why do CFOs Become Involved in Material Accounting Manipulations? [J]. Journal of Accounting and Economics, 2011, 51 (1): 21 - 36.

[266] Fiegener M. K. Determinants of board participation in the strategic decisions of small corporations [J]. Entrepreneurship Theory

and Practice, 2005, 29 (5): 627 - 650.

[267] Finkelstein S. , Hambrick D. C. Top-management-team ten-ure and organizational outcomes: The moderating role of managerial discre-tion [J]. Administrative Science Quarterly, 1990, 35 (3): 484 - 503.

[268] Finkelstein S. Power in top management teams: Dimen-sions, measurement, and validation [J] . Academy of Management Journal, 1992, 35 (3): 505 - 538.

[269] Finkelstein S. , Hambrick D. C. Strategic leadership: Top executives and their effects on organizations [M]. South-Western Pub, 1996: 58 - 205.

[270] Finkelstein S. , Boyd B. K. How much does the CEO mat-ter? The role of managerial discretion in the setting of CEO compensation [J]. Academy of Management Journal, 1998, 41 (2): 179 - 199.

[271] Finkelstein S. , Hambrick D. C. , Cannella A. A. Strategic leadership: Theory and research on executives, top management teams, and boards [M]. Oxford University Press, USA, 2009: 47 - 98.

[272] Frésard L. , Salva C. The value of excess cash and corpo-rate governance: Evidence from US cross-listings [J]. Journal of Finan-cial Economics, 2010, 98 (2): 359 - 384.

[273] Fu F. Overinvestment and the operating performance of SEO firms [J]. Financial Management, 2010, 39 (1): 249 - 272.

[274] Ganster D. C. Worker control and well-being: A review of research in the workplace [J]. Job Control and Worker Health, 1989, 3 (23): 213 - 229.

[275] Garvey G. T. , Milbourn T. T. Asymmetric benchmarking in compensation: Executives are rewarded for good luck but not penalized for bad [J]. Journal of Financial Economics, 2006, 82 (1): 197 - 225.

[276] Goh B. W. Audit committees, boards of directors, and re-mediation of material weaknesses in internal control [J]. Contemporary

Accounting Research, 2009, 26 (2): 549 – 579.

[277] Gomes A. Going Public without Governance: Managerial Reputation Effects [J]. The Journal of Finance, 2000, 55 (2): 615 – 646.

[278] Graham J. R., Harvey C. R., Rajgopal S. The economic implications of corporate financial reporting [J]. Journal of accounting and economics, 2005, 40 (1): 3 – 73.

[279] Grinstein Y., Hribar P. CEO compensation and incentives: Evidence from M&A bonuses [J]. Journal of Financial Economics, 2004, 73 (1): 119 – 143.

[280] Grinstein Y., Michaely R. Institutional holdings and payout policy [J]. The Journal of Finance, 2005, 60 (3): 1389 – 1426.

[281] Grossman S. J., Hart O. D. The costs and benefits of owner- ship: A theory of vertical and lateral integration [J]. Journal of Political Economy, 1986, 94 (4): 691 – 719.

[282] Groves T., Hong Y., McMillan J., et al. Autonomy and incentives in Chinese state enterprises [J]. The Quarterly Journal of E- conomics, 1994, 109 (1): 183 – 209.

[283] Groves T., Hong Y., McMillan J., et al. China's evol- ving managerial labor market [J]. Journal of Political Economy, 1995, 103 (4): 873 – 892.

[284] Gugler K. P., Mueller D. C., Yurtoglu B. B. The Determi- nants of Merger Waves [J]. Ssrn Electronic Journal, 2006, 30 (5 – 15): 1 – 15.

[285] Hambrick D. C., Mason P. A. Upper echelons: The organ- ization as a reflection of its top managers [J]. Academy of Management Review, 1984, 9 (2): 193 – 206.

[286] Hambrick D. C., Finkelstein S. Managerial discretion: A bridge between polar views of organizational outcomes. [J]. Research in

Organizational Behavior, 1987, 9 (4): 369 - 406.

[287] Hambrick D. C. , Abrahamson E. Assessing managerial discretion across industries: A multimethod approach [J]. Academy of Management Journal, 1995, 38 (5): 1427 - 1441.

[288] Han Kim E. , Lu Y. Is chief executive officer power bad? [J]. Asia-Pacific Journal of Financial Studies, 2011, 40 (4): 495 - 516.

[289] Hart H. L. A. Positivism and the Separation of Law and Morals [J]. Harvard Law Review, 1958, 71 (4): 593 - 629.

[290] Hart O. , Moore J. Property Rights and the Nature of the Firm [J]. Journal of Political Economy, 1990, 98 (6): 1119 - 1158.

[291] Hart O. Corporate governance: Some theory and implications [J]. The Economic Journal, 1995, 105 (430): 678 - 689.

[292] Hart O. Firms, contracts and financial structure [M]. Clarendon Press, 1995: 136 - 192.

[293] Hartzell J. C. , Ofek E. , Yermack D. What's in it for me? CEOs whose firms are acquired [J]. Review of Financial Studies, 2004, 17 (1): 37 - 61.

[294] Hartzell J. C. , Starks L. T. Institutional investors and executive compensation [J]. The Journal of Finance, 2003, 58 (6): 2351 - 2374.

[295] Hartzell J. C. , Sun L. , Titman S. The effect of corporate governance on investment: Evidence from real estate investment trusts [J]. Real Estate Economics, 2006, 34 (3): 343 - 376.

[296] Hayek F. A. The use of knowledge in society [J]. The American Economic Review, 1945: 519 - 530.

[297] Hazarika S. , Karpoff J. M. , Nahata R. Internal corporate governance, CEO turnover, and earnings management [J]. Journal of Financial Economics, 2012, 104 (1): 44 - 69.

［298］Hellman J. S. , Jones G. , Kaufmann D. Seize the state, seize the day: State capture and influence in transition economies ［J］. Journal of Comparative Economics, 2003, 31 (4): 751 – 773.

［299］Heinkel R. , Zechner J. The role of debt and perferred stock as a solution to adverse investment incentives ［J］. Journal of Financial and Quantitative Analysis, 1990, 25 (1): 1 – 24.

［300］Hoitash U. , Hoitash R. , Bedard J. C. Corporate governance and internal control over financial reporting: A comparison of regulatory regimes ［J］. The Accounting Review, 2009, 84 (3): 839 – 867.

［301］Hoitash R. , Hoitash U. , Johnstone K. M. Internal control material weaknesses and CFO compensation ［J］. Contemporary Accounting Research, 2012, 29 (3): 768 – 803.

［302］Holmstrom B. , Costa J. R. Managerial incentives and capital management ［J］. The Quarterly Journal of Economics, 1986, 101 (4): 835 – 860.

［303］Hotchkiss E. S. , Strickland D. Does shareholder composition matter? Evidence from the market reaction to corporate earnings announcements ［J］. The Journal of Finance, 2003, 58 (4): 1469 – 1498.

［304］Hrebiniak L. G. , Joyce W. F. Organizational adaptation: Strategic choice and environmental determinism ［J］. Administrative Science Quarterly, 1985, 30 (3): 336 – 349.

［305］Hu A. , Kumar P. Managerial entrenchment and payout policy ［J］. Journal of Financial and Quantitative Analysis, 2004, 39 (4): 759 – 790.

［306］Huang J. , Kisgen D. J. Gender and corporate finance: Are male executives overconfident relative to female executives? ［J］. Journal of Financial Economics, 2013, 108 (3): 822 – 839.

［307］Jaffee D. M. , Russell T. Imperfect information, uncertainty, and credit rationing ［J］. The Quarterly Journal of Economics,

1976, 90 (4): 651 – 666.

[308] Jensen M. C. , Meckling W. H. Theory of the firm: Managerial behavior, agency costs and ownership structure [J]. Journal of Financial Economics, 1976, 3 (4): 305 – 360.

[309] Jensen M. C. Agency costs of free cash flow, corporate finance, and takeovers [J]. The American economic review, 1986, 76 (2): 323 – 329.

[310] Jensen M. C. , Meckling W. H. Specific and general knowledge and organizational structure [J]. Journal of Applied Corporate Finance, 1995, 8 (2): 4 – 18.

[311] Jensen M. C. The modern industrial revolution, exit, and the failure of internal control systems [J]. the Journal of Finance, 1993, 48 (3): 831 – 880.

[312] Johnstone K. , Li C. , Rupley K. H. Changes in corporate governance associated with the revelation of internal control material weaknesses and their subsequent remediation [J]. Contemporary Accounting Research, 2011, 28 (1): 331 – 383.

[313] Jorgenson D. W. Capital theory and investment behavior [J]. The American Economic Review, 1963, 53 (2): 247 – 259.

[314] Kalyta P. , Magnan M. Executive pensions, disclosure quality, and rent extraction [J]. Journal of Accounting and Public Policy, 2008, 27 (2): 133 – 166.

[315] Kaplan S. N. , Zingales L. Do investment-cash flow sensitivities provide useful measures of financing constraints? [J]. The Quarterly Journal of Economics, 1997, 112 (1): 169 – 215.

[316] Key S. Analyzing managerial discretion: an assessment tool to predict individual policy decisions [J]. The International Journal of Organizational Analysis, 1997, 5 (2): 134 – 155.

[317] Kim E. H. , Lu Y. Is Chief Executive Officer Power Bad?

[J]. Asia-Pacific Journal of Financial Studies, 2011, 40 (4): 495 –516.

[318] Kim H., Kim H., Hoskisson R. E. Does market-oriented institutional change in an emerging economy make business-group-affiliated multinationals perform better? An institution-based view [J]. Journal of International Business Studies, 2010, 41 (7): 1141 –1160.

[319] Kornai J., Maskin E., Roland G. Understanding the soft budget constraint [J]. Journal of Economic Literature, 2003, 41 (4): 1095 –1136.

[320] LaFond R., You H. The federal deposit insurance corporation improvement act, bank internal controls and financial reporting quality [J]. Journal of Accounting and Economics, 2010, 49 (1): 75 –83.

[321] La Porta R. L., Lopez-de-Silanes F., Shleifer A., et al. Law and finance [J]. Journal of Political Economy, 1998, 106 (6): 1113 –1155.

[322] La Porta R., Lopez-de-Silanes F., Shleifer A., et al. The quality of government [J]. Journal of Law Economics and organization, 1999, 15 (1): 222 –279.

[323] La Porta R., Lopez-de-Silanes F., Shleifer A., et al. Legal determinants of external finance [J]. Journal of Finance, 1997, 52 (3): 1131 –1150.

[324] La Porta R., Lopez-de-Silanes F., Shleifer A., et al. Investor protection and corporate governance [J]. Journal of Financial Economics, 2000, 58 (1): 3 –27.

[325] La Porta R., Lopez-de-Silanes F., Zamarripa G. Related lending [J]. The Quarterly Journal of Economics, 2003, 118 (1): 231 –268.

[326] Li J, Tang Y. I. CEO hubris and firm risk taking in China: The moderating role of managerial discretion [J]. Academy of Management Journal, 2010, 53 (1): 45 –68.

[327] Lipton M. , Lorsch J. W. A Modest Proposal for Improved Corporate Governance [J]. Business Lawyer, 1992, 48 (1): 59 – 77.

[328] Litvak K. The effect of the Sarbanes-Oxley Act on non-US companies cross-listed in the US [J]. Journal of Corporate Finance, 2007, 13 (2): 195 – 228.

[329] Main B. G. M. , O'Reilly Ⅲ C. A. , Wade J. Top executive pay: Tournament or teamwork? [J]. Journal of Labor Economics, 1993, 11 (4): 606 – 628.

[330] March J. G. , Easton D. The power of power [J]. Classics of Organization Theory, 1966: 39 – 70.

[331] May R. Power and innocence: A search for the sources of violence [M]. WW Norton & Company, 1998: 35 – 79.

[332] McConnell J. J. , Servaes H. Additional evidence on equity ownership and corporate value [J]. Journal of Financial Economics, 1990, 27 (2): 595 – 612.

[333] Milliken F. J. Three types of perceived uncertainty about the environment: State, effect and response uncertainty [J]. Academy of Management review, 1987, 12 (1): 133 – 143.

[334] Modigliani F. , Miller M. H. The cost of capital, corporation finance and the theory of investment [J]. The American Economic Review, 1958, 48 (3): 261 – 297.

[335] Morck R. , Shleifer A. , Vishny R. W. Management ownership and market valuation: An empirical analysis [J]. Journal of Financial Economics, 1988, 20 (88): 293 – 315.

[336] Morgado A. , Pindado J. The underinvestment and overinvestment hypotheses: An analysis using panel data [J]. European Financial Management, 2003, 9 (2): 163 – 177.

[337] Morse A. , Nanda V. , Seru A. Are incentive contracts rigged by powerful CEOs? [J]. The Journal of Finance, 2011, 66

(5): 1779 - 1821.

[338] Murphy K. J. Corporate performance and managerial remuneration: An empirical analysis [J]. Journal of Accounting and Economics, 1985, 7 (1 -3): 11 -42.

[339] Murphy, K. J. , Executive compensation [J]. Handbook of Labor Economics, 1999, 3 (1): 77 -79.

[340] Myers S. C. Determinants of corporate borrowing [J]. Journal of financial economics, 1977, 5 (2): 147 -175.

[341] Myers S. C. , Majluf N. S. Corporate financing and investment decisions when firms have information that investors do not have [J]. Journal of Financial Economics, 1984, 13 (2): 187 -221.

[342] Narayanan M. P. Managerial incentives for short-term results [J]. The Journal of Finance, 1985, 40 (5): 1469 -1484.

[343] Narayanan M. P. Debt versus equity under asymmetric information [J]. Journal of Financial and Quantitative Analysis, 1988, 23 (1): 39 -51.

[344] Nerlove M. , Arrow K. J. Optimal advertising policy under dynamic conditions [J]. Economica, 1962, 29 (114): 129 -142.

[345] Noe T. H. , Rebello M. J. Renegotiation, investment horizons and managerial discretion [J]. The Journal of Business, 1997, 70 (3): 385 -407.

[346] Noe T. H. Investor activism and financial market structure [J]. Review of Financial Studies, 2002, 15 (1): 289 -318.

[347] North D. C. Institutions, institutional change and economic performance [M]. Cambridge University Press, 1990: 58 -133.

[348] Officer M. S. Overinvestment, corporate governance and dividend initiations [J]. Journal of Corporate Finance, 2011, 17 (3): 710 -724.

[349] Ostrom C. W. Time series analysis: Regression techniques

[M]. Sage Publications, 1990: 27 –146.

[350] Parrino R. , Weisbach M. S. Measuring investment distortions arising from stockholder-bondholder conflicts [J]. Journal of Financial Economics, 1999, 53 (1): 3 –42.

[351] Perotti E. C. , Von Thadden E. L. The political economy of corporate control and labor rents [J]. Journal of Political Economy, 2006, 114 (1): 145 –175.

[352] Pfeffer J. , Pfeffer J. Power in organizations [M]. Marshfield, MA: Pitman, 1981: 15 –90.

[353] Phan P. H. , Hill C. W. L. Organizational restructuring and economic performance in leveraged buyouts: An ex post study [J]. Academy of Management Journal, 1995, 38 (3): 704 –739.

[354] Pound J. Proxy contests and the efficiency of shareholder oversight [J]. Journal of Financial Economics, 1988, 20: 237 –265.

[355] Pugliese A. , Wenstøp P. Z. Board members' contribution to strategic decision-making in small firms [J]. Journal of Management & Governance, 2007, 11 (4): 383 –404.

[356] Rabe W. F. Managerial power [J]. California Management Review, 1962, 4 (3): 31 –39.

[357] Rajan R. G. , Zingales L. Power in a Theory of the Firm [J]. The Quarterly Journal of Economics, 1998, 113 (2): 387 –432.

[358] Richardson S. Over-investment of free cash flow [J]. Review of Accounting Studies, 2006, 11 (2 –3): 159 –189.

[359] Scharfstein D. S. , Stein J C. Herd behavior and investment [J]. The American Economic Review, 1988, 80 (3): 465 –479.

[360] Scott W. R. Institutions and organizations: Ideas, interests, and identities [M]. Sage Publications, 2013: 159 –201.

[361] Shleifer A. , Vishny R. W. Large shareholders and corporate control [J]. Journal of Political Economy, 1986, 94 (3, Part 1):

461 – 488.

[362] Shleifer A. , Vishny R. W. Management entrenchment: The case of manager-specific investments [J]. Journal of Financial Economics, 1989, 25 (1): 123 – 139.

[363] Shleifer A. , Vishny R. W. A survey of corporate governance [J]. The Journal of Finance, 1997, 52 (2): 737 – 783.

[364] Stein J. C. Agency, information and corporate investment [J]. Handbook of the Economics of Finance, 2001, 1 (3): 111 – 165.

[365] Stulz R. M. Managerial discretion and optimal financing policies [J]. Journal of Financial Economics, 1990, 26 (1): 3 – 27.

[366] Sun Q. , Tong W. H. S. China share issue privatization: The extent of its success [J]. Journal of Financial Economics, 2003, 70 (2): 183 – 222.

[367] Tadelis S. What's in a Name? Reputation as a Tradeable Asset [J]. American Economic Review, 1998, 89 (3): 548 – 563.

[368] Tosi H. L. , Gomez-Mejia L. , Loughry M. L. et al. Managerial discretion, compensation strategy, and firm performance: The case for ownership structure [J]. Research in Personnel and Human Resources Management, 1999, 17: 163 – 208.

[369] Tosi, A. L. , Brownlee, A. L. , Silva, P. and Katz, J P. An empirical exploration of decision? Making under agency controls and stewardship structure [J]. Journal of Management Studies, 2003, 40 (8): 2053 – 2071.

[370] Ulrike Malmendier and Geoffrey Tate. Superstar ceos [J]. Quarterly Journal of Economics, 2009, 124 (4): 1593 – 1638.

[371] Verdi R S. Financial reporting quality and investment efficiency [J]. Social Science Electronic Publishing. 2006: 1 – 45.

[372] Vogt S. C. The cash flow/investment relationship: evidence from US manufacturing firms [J]. Financial Management, 1994, 23

(2): 3 -20.

[373] Wei K. C. J. , Zhang Y. Ownership structure, cash flow, and capital investment: Evidence from East Asian economies before the financial crisis [J]. Journal of Corporate Finance, 2008, 14 (2): 118 -132.

[374] Wernerfelt B. A resource-based view of the firm [J]. Strategic Management Journal, 1984, 5 (2): 171 -180.

[375] Yan X. S. , Zhang Z. Institutional investors and equity returns: Are short-term institutions better informed? [J]. Review of Financial Studies, 2009, 22 (2): 893 -924.

[376] Yermack D. Good timing: CEO stock option awards and company news announcements [J]. The Journal of Finance, 1997, 52 (2): 449 -476.

[377] Yin X. The Strategic Choice of Managers and Managerial Discretion [J]. Australian Economic Papers, 2003, 42 (4): 373 -385.

[378] Zahra S. A. , Pearce J. A. Boards of directors and corporate financial performance: A review and integrative model [J]. Journal of Management, 1989, 15 (2): 291 -334.